Jack Rosewood

UNNÜTZES SERIENMÖRDER WISSEN

Jack Rosewood

UNNÜTZES SERIENMÖRDERWISSEN

Faszinierende Fakten & verstörende Verbrechen

riva

Bibliografische Information der Deutschen Nationalbibliothek
Die Deutsche Nationalbibliothek verzeichnet diese Publikation in der Deutschen Nationalbibliografie. Detaillierte bibliografische Daten sind im Internet über https://dnb.de abrufbar.

Für Fragen und Anregungen
info@m-vg.de

Wichtiger Hinweis
Ausschließlich zum Zweck der besseren Lesbarkeit wurde auf eine genderspezifische Schreibweise sowie eine Mehrfachbezeichnung verzichtet. Alle personenbezogenen Bezeichnungen sind somit geschlechtsneutral zu verstehen.

2. Auflage 2024

Türkenstraße 89
80799 München
Tel.: 089 651285-0

Übersetzung: Mark Bergmann
Redaktion: Tanja Selder
Umschlaggestaltung: Karina Braun
Umschlagabbildung: Shutterstock.com/mijatmijatovic, Aleks Melnik, hchjjl, robbin lee, Natasha Pankina, Milano M, Polina Tomtosova, Elala
Layout: Carsten Klein, basierend auf einem Entwurf von Müjde Puzziferri, MP Medien
Satz: Carsten Klein
Druck: ScandBook, Litauen
Printed in the EU

ISBN Print 978-3-7423-2445-0
ISBN E-Book (PDF) 978-3-7453-2213-2
ISBN E-Book (EPUB, Mobi) 978-3-7453-2214-9

INHALT

EINLEITUNG

Serienmörder sind äußerst rätselhafte Wesen, die für rational denkende Menschen kaum zu fassen sind. Seit Jahrzehnten faszinieren und schockieren sie uns mit ihren monströsen Taten; im Schatten treiben sie ihr Unwesen und beenden fremde Leben, ohne das kleinste Anzeichen von Reue für ihre Verbrechen. Äußerlich mögen sie unscheinbar sein, doch irgendetwas in ihrem Verstand unterscheidet sie grundlegend von anderen Menschen.

Ein Serienmörder hat keinen empathischen Bezug zu den Konsequenzen seines Handelns. Stattdessen geht es ihm einzig darum, seine sadistischen Triebe zu befriedigen, seinen Blutdurst zu stillen oder das Hochgefühl zu genießen, Gott zu spielen. Dabei wird jeder Serienmörder von einer individuellen Motivation angetrieben, die häufig für Nicht-Psychopathen unbegreiflich bleibt. Diese Raubtiere, deren Verhalten oberflächlich gelassen und vernünftig wirkt, sind geschickte Meister der Manipulation. Psychologisch gesehen ist ihre Persönlichkeit von einer »räuberischen«, das heißt kontrollierten und planvollen Aggression geprägt. Sie betrachten alle anderen Menschen als minderwertig und rechtfertigen so ihre brutalen Verbrechen an den nichtsahnenden Opfern.

Die Psychopathologie von Serienmördern mag den meisten Lesern zumindest in Grundzügen bekannt sein, und der ein oder andere Leser hält sich vielleicht sogar für einen Experten in diesem Bereich, doch es gibt immer noch einiges, was die meisten Menschen nicht über Serienmörder wissen. Denn die Welt bietet eine unerschöpfliche Fundgrube an True-Crime-Material, in Form alter Geständnisse, verstaubter Akten und verrauschter Videoaufnahmen aus Gerichtssälen.

Wussten Sie etwa, dass Sie in Ihrem Leben an durchschnittlich 36 Mördern vorbeispazieren? Oder dass Albert Fish, einer der abscheulichsten Serienmörder aller Zeiten, nach eigener Aussage über 100 Kinder verspeist hat? Und dass ein berühmter New Yorker Künstler aktuell im Besitz von Fishs perversen Bekennerschreiben ist?

Dieses Buch begibt sich an dunkle Orte und fördert einige der schaurigsten Fakten des True-Crime-Genres zutage. Dabei werden Sie manchem Namen begegnen, den Sie vermutlich bereits kennen, wie Ted Bundy, Ed Gein oder John Wayne Gacy. Doch Sie treffen auch auf viele Killer, die deutlich weniger bekannt sind, wenngleich ihre Verbrechen kein bisschen weniger verstören.

Außerdem stellen wir Ihnen nicht nur beispielhafte Serienmörder der Geschichte und der Gegenwart vor, sondern beleuchten zahlreiche Hintergründe rund um das Thema Serienmörder – etwa wie der Verstand von Psychopathen funktioniert, ungelöste Mordfälle, mörderische Sekten oder wie die Medien zur Inspiration für Killer wurden.

Wir haben ausgiebig recherchiert und keine Mühen gescheut, um Ihnen die erschütterndsten und grauenhaftesten Tatsachen zu präsentieren, von denen Sie je gelesen haben, sodass selbst jeder noch so hartgesottene True-Crime-Fan auf den folgenden Seiten das ein oder andere Neue entdecken wird.

SERIENMÖRDER: DIE GRUNDLAGEN

Hinter Serienmördern steckt mehr, als man auf Anhieb vielleicht vermutet. Diese mordenden Wahnsinnigen trieben ihr Unwesen schon lange, bevor der Begriff »Serienmörder« überhaupt erfunden war. Bezeichnungen und Definitionen verändern sich außerdem ständig, werden obsolet oder neu geprägt. Bevor wir verschiedene Serienmörder aus aller Welt vorstellen, wollen wir Sie zunächst in einem kleinen Exkurs mit den Grundlagen des Themas vertraut machen, etwa was genau »Serienmörder«, »Psychopath«, »Soziopath« und ähnliche Begriffe eigentlich bedeuten.

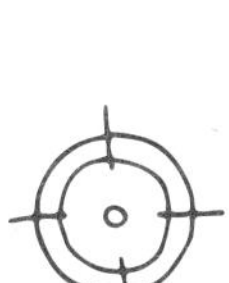

WIE LAUTET DIE OFFIZIELLE DEFINITION EINES SERIENMÖRDERS?

Die US-Bundespolizei FBI definiert Serienmorde als »Abfolge von zwei oder mehr Morden, die als voneinander unabhängige Ereignisse begangen werden; in der Regel, aber nicht immer, von einem Einzeltäter«.

Diese Definition gilt heutzutage als Standard. Dennoch gibt es, seit die Bezeichnung »Serienmörder« geprägt wurde, anhaltende Diskussionen darüber, was einen solchen Serienmörder überhaupt ausmacht. Ursprünglich wurde dieser Begriff für Täter verwendet, die drei oder mehr Opfer getötet hatten, mit einer deutlichen emotionalen »Abkühlphase« von mehr als 30 Tagen zwischen den einzelnen Morden. Erst in der jüngeren Vergangenheit hat man diese Definition von drei auf zwei Opfer herabgesetzt.

Es wird außerdem diskutiert, ob Serienmörder nicht eher über eine bestimmte mentale Einstellung als über die Zahl ihrer Verbrechen charakterisiert werden. Wenn ein Täter beispielsweise nach einem einzigen Mord gefasst wird, aber vorhatte, noch weitere Menschen zu töten, sollte er dann nicht als Serienmörder klassifiziert werden, auch wenn die Zahl seiner Opfer dafür nicht ausreicht? Wie dem auch sei, ist die eingangs genannte Definition die derzeit offiziell gültige.

WER PRÄGTE DEN BEGRIFF »SERIENMÖRDER«?

Die meisten Leute gehen davon aus, dass FBI Special Agent Robert Ressler die Bezeichnung »Serienmörder« in den späten 1970er-Jahren während eines Vortrags zur kriminologischen Fallanalyse geprägt hat. Der für seine Arbeit im Bereich der Kriminalpsychologie bekannte Ermittler gilt als Vater der modernen verhaltensbasierten Täterprofilerstellung und verwendete den Begriff angeblich erstmals im Zusammenhang mit dem New Yorker Serienmörder David Berkowitz.

Es gibt jedoch eine Reihe dokumentierter Verwendungen dieser Bezeichnung (oder vergleichbarer) schon Jahrzehnte bevor Ressler ihn in den 1970er-Jahren nutzte. Auch in Dorothy B. Hughes' Mystery-Buch *Ein einsamer Ort* von 1947 wird der Antagonist »Serienmörder« genannt.

Die früheste Verwendung erfuhr der Begriff wahrscheinlich im Jahr 1930 in Deutschland, als der berühmte Mordermittler Ernst August Ferdinand Gennat die Polizeiarbeit durch eine Methode revolutionierte, die man nach heutigen Standards wohl als verhaltensbasierte Täterprofilerstellung bezeichnen könnte. Gennat schrieb 1930 in seinem Aufsatz »Die Düsseldorfer Sexualverbrechen« ausführlich über den berüchtigten deutschen Serientäter Peter Kürten und verwendete in diesem Zusammenhang den Begriff »Serienmörder«.

Trotz Gennats bahnbrechendem Ansatz wurde ihm für seine Arbeit im Feld der verhaltensbasierten Täterprofilerstellung nicht so viel Anerkennung zuteil wie Ressler 40 Jahre später. In Anbetracht der Ähnlichkeiten ihrer Arbeiten ist es gut möglich, dass Ressler von Gennat inspiriert wurde.

WELCHE VIER TYPEN VON SERIENMÖRDERN GIBT ES?

Serienmörder lassen sich in vier verschiedene Typen unterteilen: den visionären, den missionsorientierten, den hedonistischen sowie den macht- und kontrollgetriebenen Täter. Die Zuordnung eines Serienmörders erfolgt nicht auf Grundlage physischer Merkmale seiner Verbrechen, sondern basiert auf seinem Motiv, und zwar wie folgt:

- Der visionäre Typ: tötet aufgrund von Visionen oder weil eingebildete Stimmen es ihm befehlen.
- Der missionsorientierte Typ: tötet, um die Gesellschaft von einer bestimmten Gruppe von Menschen zu befreien.
- Der hedonistische Typ: tötet aus reiner Mordlust und zur oft sexuell motivierten Bedürfnisbefriedigung.
- Der macht- und kontrollgetriebene Typ: will Dominanz über seine Opfer ausüben und tötet, um sie zu »besitzen«.

HISTORISCHES BEISPIEL EINES VISIONÄREN SERIENMÖRDERS

Einer der berüchtigtsten visionären Serienmörder aller Zeiten ist Richard Chase, auch bekannt als »Vampir von Sacramento«. Chase war ein irrer Psychopath, der glaubte, dass sich sein Blut langsam in Pulver verwandeln würde und er es nur auffüllen könne, indem er das Blut von anderen trinkt. Zwischen 1977 und 1978 tötete Chase 13 Menschen im Raum Sacramento im US-Bundesstaat Kalifornien.

Chase war schon als Kind ein merkwürdiger Sonderling und wurde als Erwachsener noch verrückter. Seine Besessenheit von Blut begann in jungen Jahren, als er die Kadaver von Tieren verstümmelte und sie mitsamt ihren rohen Eingeweiden verschlang. Im Erwachsenenalter erwischte man Chase mehrfach in bizarren Situationen, etwa nackt in einem Feld, über und über beschmiert mit Rinderblut. Seine Wahnvorstellungen verschlimmerten sich im Laufe der Jahre. Er glaubte, sein Schädelknochen würde allmählich zerfallen, und injizierte sich Hasenblut, um seinen Bluthaushalt »wiederaufzufüllen«. Mit Ende 20 wurde er in eine psychiatrische Klinik eingeliefert.

1977 überschritt Chase die Grenze zum Mord, er erstach und erschoss in der Gegend von Sacramento wehrlose Opfer. Dabei ging es ihm nicht um deren Alter, ihre ethnische Zugehörigkeit oder das Geschlecht, sondern einzig und allein um ihren Tod. Er trank das Blut mehrerer Opfer und verspeiste ihre sterblichen

Überreste. Als die Polizei Chase auf die Schliche kam, fanden sie Krüge voller Menschenblut und blutverschmierte Kleidung in seiner Wohnung. Chase wurde verhaftet, wegen sechsfachen Mordes angeklagt und dafür schließlich zum Tode verurteilt. Am zweiten Weihnachtsfeiertag 1980 starb er in seiner Gefängniszelle an einer Überdosis.

HISTORISCHES BEISPIEL EINES MISSIONSORIENTIERTEN SERIENMÖRDERS

Peter Sutcliffe, auch bekannt als »Yorkshire Ripper« (»Yorkshire-Schlitzer«), ist das perfekte Beispiel für einen missionsorientierten Serienmörder. Weil eine Prostituierte ihn einst geschmäht hatte, tötete er zwischen 1975 und 1980 insgesamt 13 Sexarbeiterinnen im Norden Englands und versuchte es bei sieben weiteren.

Wie viele andere missionsorientierte Mörder suchte sich Sutcliffe ausschließlich Opfer eines bestimmten Alters, Geschlechts und einer bestimmten ethnischen Zugehörigkeit (in seinem Fall: jung, weiblich, weiß) und tötete innerhalb einer begrenzten geografischen Region. Auch sein Modus Operandi blieb derselbe: Er attackierte die Frauen überfallartig mit einem Hammer, seiner Lieblingswaffe. Bei der Verhaftung äußerte Sutcliffe den inzwischen berühmten Spruch, er habe »nur die Straßen gesäubert«.

Interessanterweise zeigte Sutcliffe auch Merkmale eines visionären Serienmörders. Er behauptete nämlich, die Stimme von Gott vernommen zu haben, die ihm angeblich seine schrecklichen Taten aufgetragen habe.

HISTORISCHE BEISPIELE HEDONISTISCHER SERIENMÖRDER

Die Kategorie des hedonistischen Serienmörders ist sehr weit gefasst. Je nach Motiv lassen sich Täter in die folgenden drei Subkategorien einteilen:

- Lust: tötet für die eigene sexuelle Bedürfnisbefriedigung.
- Erregung: tötet für den Adrenalinrausch.
- Eigennutz: tötet, um sich finanziell und materiell zu bereichern.

Edmund Kemper ist das ideale Beispiel eines Lustmörders. Zwischen 1972 und 1973 nahm er in der Gegend um Santa Cruz in Kalifornien insgesamt sechs Anhalterinnen mit, die er erwürgte und zerstückelte. Die Taten bereitetem ihm sexuelle Befriedigung, allerdings nicht allein die Morde, sondern auch der daran anschließende Akt der Verstümmelung. Kemper war mit 2,06 Meter enorm groß und mit einem IQ von 145 zudem außergewöhnlich intelligent. Nach den meisten Morden vollzog er an den Leichen nekrophile Handlungen, einige Opfer vergewaltigte er auch, bevor er sie umbrachte.

Kaliforniens berühmtester, nie gefasster Serienmörder ist der sogenannte »Zodiac Killer« (»Sternzeichen-Mörder«). Er ist das perfekte Beispiel eines hedonistischen Mörders, der wegen des Adrenalinkicks tötet. Für diesen Rausch terrorisierte er in den 1970er-Jahren die Straßen San Franciscos, indem er turtelnde Paare an abgelegenen Orten umbrachte und Polizei und Presse mit abscheulichen Briefen verhöhnte.

Serienmörderinnen gehören dagegen häufig der dritten Subkategorie an und töten vor allem aus materiellen Motiven. Nur wenige sind von Lust oder Machtfantasien getrieben. Die wohl berühmteste Serienmörderin dieses Typs war Dorothea Puente, die im kalifornischen Sacramento eine Pension betrieb und ihre zumeist älteren Gäste erst betäubte und dann umbrachte. Anschließend löste Puente die Sozialhilfeschecks ihrer Opfer ein, um sich finanziell zu bereichern. Insgesamt tötete Puente neun Menschen, sie wurde aber nur für drei der Morde verurteilt, weil die Geschworenen sich bei den anderen sechs nicht einigen konnten. Die Medien verpassten Puente den Spitznamen »Death House Landlady« (»Todeshaus-Vermieterin«).

Ein besonders umtriebiger Killer zeigte interessanterweise Merkmale aller drei Subkategorien des hedonistischen Serienmörders: Harold Shipman, ein britischer Arzt, gilt mit geschätzten 250 Opfern als einer der schlimmsten Serientäter aller Zeiten. Das Töten bereitete ihm gleichermaßen sexuelle Befriedigung wie rauschartige Erregung. Bei einem Mord fälschte er außerdem das Testament seines Opfers, um sich selbst zu begünstigen.

HISTORISCHES BEISPIEL EINES MACHT- UND KONTROLLGETRIEBENEN SERIENMÖRDERS

Einige der schrecklichsten Serienmörder waren getrieben von Macht- und Kontrollfantasien, nicht zuletzt da die meisten Serienmörder diesem Tätertypus angehören. Ted Bundy etwa ist ein lehrbuchartiger Vertreter dieser Kategorie; er lechzte geradezu danach, seine Opfer in jeder möglichen Hinsicht zu dominieren. Er manipulierte, überfiel und vergewaltigte sie auf brutale Art und Weise und entsorgte ihre Leichen dann an abgelegenen Orten. Bundy kehrte später auch an die Tatorte zurück, um die Leichen seiner Opfer immer weiter zu schänden.

Andere Beispiele für macht- und kontrollgetriebene Serienmörder sind John Wayne Gacy, Dennis Rader (»BTK-Killer«), Gary Ridgway, Ian Brady, David Parker Ray, Andrei Chikatilo und James DeAngelo (»The East Area Rapist«).

SCHON GEWUSST?

- Die meisten Serienmörder gehören macht- und kontrollgetriebenen Typ.

- Dieser Tätertyp ist häufig durch einen Minderwertigkeitskomplex gekennzeichnet.
- Macht- und kontrollgetriebene Serienmörder haben in ihrer Kindheit häufig (aber nicht immer) Gewalt und Missbrauch durch Eltern oder andere Erwachsene erfahren.
- Sie dominieren ihre Opfer manchmal sogar nach deren Tod, etwa durch postmortale Verstümmlung, sexuelle Handlungen oder indem sie persönliche Gegenstände oder Körperteile der Opfer als Souvenir behalten.
- Ted Bundy, einer der berüchtigtsten macht- und kontrollgetriebenen Serienmörder, stahl den Schmuck seiner Opfer und schenkte ihn seiner nichtsahnenden Lebensgefährtin.

GIBT ES ÜBERSCHNEIDUNGEN ZWISCHEN DEN EINZELNEN SERIENMÖRDERTYPEN?

Die gibt es. Meist lassen sich nur visionäre Serienmörder eindeutig einer Kategorie zuordnen, andere Serientäter zeigen im Laufe ihrer mörderischen »Karrieren« in der Regel Merkmale verschiedener Kategorien, wobei sie aber häufig einer »Kerncharakteristik« treu bleiben.

Hedonistische Täter zeigen während ihrer Mordserien häufig auch Merkmale einer Macht- oder Kontrollfixierung, vor allem jene, die mit ihren Taten ihre Lust befriedigen wollen. Denn wer beim Morden sexuelle Befriedigung erfährt, tut dies häufig mittels Dominanz und Kontrolle. Beide Unterkategorien sind daher eng miteinander verwoben.

GIBT ES SERIENMÖRDER, DIE IN KEINE DER VIER KATEGORIEN PASSEN?

Fast alle Serienmörder lassen sich in eine oder mehrere der oben genannten Kategorien einordnen, auch wenn ihre Motive für Menschen mit rationalem Verstand nur schwer zu verstehen sein mögen. Es gab in der Geschichte allerdings auch einige wenige »motivlose« Serienmörder.

2007 töteten zwei Teenager aus Russland, die sogenannten »Dnepropetrovsk Maniacs« (»Die Wahnsinnigen von Dnepropetrovsk«) 21 Menschen in nur einem Monat. Bei einem der Morde erschlugen die beiden Jungs einen Mann mit einem Hammer. Die Tat wurde gefilmt und 2008 ins Internet gestellt. Bis heute ist kein Motiv für die Morde bekannt. Es gab Gerüchte, ein reicher Gönner habe die Jungs dafür bezahlt, die Morde zu seiner persönlichen Belustigung zu begehen, die Polizei fand hierfür jedoch keinerlei Beweise. Einer der Ermittler sagte später, für die Jungs sei Töten schlicht ein Hobby gewesen: »Mord war für sie so etwas wie Unterhaltung oder Jagdsport.«

Der britische Serienmörder Robert Maudsley passt ebenfalls in keine der genannten Kategorien. Maudsley trägt den Spitznamen »Hannibal the Cannibal«, weil er, ähnlich wie Hannibal

Lecter in *Das Schweigen der Lämmer*, in einer gläsernen Zelle inhaftiert ist. Für mindestens zwei seiner Morde schien Maudsley überhaupt kein Motiv gehabt zu haben. 1974 erdrosselte er einen Sexualverbrecher in London und stellte sich anschließend der Polizei. Im Gefängnis tötete er dann drei Mithäftlinge, zwei davon an einem Tag. Ein Wärter sagte später, Maudsley verspüre den Drang, »jeden zu töten, der ihm zu nahekommt«. In den seltenen Momenten, in denen er seine Zelle verlassen darf, wird er deshalb von mindestens vier Gefängnisaufsehern begleitet.

WER WAR DER ERSTE SERIENMÖRDER DER GESCHICHTE?

Ein Mann namens H. H. Holmes gilt gemeinhin als zumindest erster Serienmörder Amerikas. Der Betrüger und Hochstapler lebte in den 1890er-Jahren in einer regelrechten »Mordfestung« in Chicago, wo er seine zahlreichen Opfer verschwinden ließ. Der Erste seiner Zunft war Holmes allerdings nicht, die Ursprünge von Serienmördern lassen sich noch viel weiter zurückverfolgen.

Gilles de Rais, ein Graf und Heerführer der französischen Armee zu Beginn des 15. Jahrhunderts, ist der erste dokumentierte Serienmörder der Geschichte. Rais hatte als Jugendlicher ein beträchtliches Vermögen geerbt. Von seinen Dienern ließ er Jungen und Mädchen im Alter zwischen 6 und 18 Jahren entführen und in sein abgeschiedenes Quartier bringen, wo er sie sexuell missbrauchte, folterte und schließlich ermordete. Den meisten Opfern schnitt er mit einem zweischneidigen Schwert die Kehle durch, einige köpfte er aber auch vollständig. Nach den Morden verstümmelte er die Leichen der Kinder weiter und entfernte ihre Organe, um sie zu bewundern. Im Zeitraum von zehn Jahren tötete Rais mindestens 40 Kinder und Jugendliche, andere Quellen berichten sogar von annähernd 100 Opfern.

Auf Rais passt die typische Psychopathologie eines hedonistischen Mörders mit Macht- und Kontrollfantasien. Aufgrund historischer Unterschiede und seines Status' als Adliger lässt er sich dennoch nur schwer mit modernen Serienmördern vergleichen, die alleine vorgehen und ihre Spuren mühevoll verwischen.

Londons »Jack the Ripper« ist dagegen für viele der Prototyp heutiger Serienmörder. Er tötete 1888 fünf Prostituierte im Londoner East End. Nur vier Jahre zuvor, 1884, trieb in Austin, im US-Bundesstaat Texas, allerdings bereits ein ähnliches Monster sein Unwesen. Der »Servant Girl Annihilator« (»Dienstmädchen-Vernichter«) nahm innerhalb von zwölf Monaten mindestens acht Opfern das Leben, bevor er sich im Dezember 1885 praktisch in Luft auflöste. Er wurde nie gefasst. Der Mörder schlich sich nachts in die Wohnungen afroamerikanischer Frauen und erschlug sie im Schlaf mit einer Axt. In manchen Fällen vergewaltigte und verstümmelte er seine Opfer oder steckte ihnen spitze Gegenstände in die Ohren. Zur damaligen Zeit glaubte die afroamerikanische Bevölkerung von Austin, der Täter nutze schwarze Magie, um unentdeckt zu bleiben.

IN WELCHEM LAND GIBT ES DIE MEISTEN SERIENMÖRDER?

Die Vereinigten Staaten von Amerika belegen hier einen traurigen Spitzenplatz. In keinem anderen Land auf der Welt gibt es so viele Serienmörder pro Kopf.

Zwischen 1900 und 2016 trieben in den USA mindestens 3204 Serienmörder ihr Unwesen – eine schockierend hohe Zahl, egal wie man es dreht und wendet. Zum Vergleich: Mit großem Abstand folgt danach Südafrika, das im selben Zeitraum nur von 167 Serienmördern heimgesucht wurde. In den USA gab es also 19-mal mehr Serienmörder als im zweitplatzierten Land auf der Liste.

Doch warum ist das so? Weshalb verblasst in dieser furchtbaren Statistik jedes Land verglichen mit den USA? Liegt es an sozialen oder ökonomischen Faktoren? Nun, die Wahrheit ist wahrscheinlich doch etwas vielschichtiger, als dass die Vereinigten Staaten einfach »mörderischer« sind als andere Länder.

Die USA sind technologisch und wissenschaftlich eines der am weitesten entwickelten Länder der Welt. Staaten und Behörden sind durch viele Systeme gut miteinander vernetzt und können so effektiv kommunizieren und Informationen austauschen. Vermutlich gibt es dort also nicht mehr Serienmörder als in anderen Ländern mit ähnlicher Bevölkerungszahl, es werden nur mehr geschnappt.

In vergleichbar großen, aber weniger entwickelten Staaten wie Indien oder Russland mag die Quote an Serienmördern in Wahrheit genauso hoch sein, aufgrund der weniger effizienten Strafverfolgung sind die offiziellen Zahlen aber deutlich niedriger. Die Vereinigten Staaten sind außerdem auch flächenmäßig das viertgrößte Land der Welt, sodass es fast selbstverständlich ist, dass es dort zumindest anteilsmäßig mehr Täter gibt als in kleineren Ländern.

SCHON GEWUSST?

- In den USA wurden weltweit die meisten Serienmörder dokumentiert, sowohl in absoluten Zahlen also auch pro Kopf (0,99 Prozent pro 100 000 Einwohner).
- Die meisten stammten aus dem Bundesstaat Kalifornien, über 1000 seit 1900. Während der 1970er-Jahre wurde Kalifornien deshalb auch als »Mordzentrale der Welt« bezeichnet.
- In Kanada gab es zwischen 1900 und 2016 nur 106 Serienmörder, obwohl das Land flächenmäßig 1,6 Prozent größer ist als die USA. Dies ergibt eine Pro-Kopf-Quote von 0,29 Prozent pro 100 000 Einwohner.
- Island besitzt eine der niedrigsten Kriminalitätsraten der Welt und hat bislang nur einen einzigen Serienmörder hervorgebracht: Axlar-Björn Pétursson, im 16. Jahrhundert.
- Auch die Philippinen behaupten, es habe in der gesamten Geschichte des Landes nur einen Serienmörder gegeben: einen katholischen Priester, der zwischen 1816 und 1826 mutmaßlich 57 Menschen umgebracht hat.

WARUM GIBT ES HEUTZUTAGE WENIGER SERIENMÖRDER ALS FRÜHER?

Die »Boomphase« der Serienmorde ist zum Glück tatsächlich längst vorüber. Heutzutage machen technischer Fortschritt und moderne Forensik es Serienmördern schwer, unentdeckt zu bleiben, sodass potenzielle Serientäter häufig erwischt werden, bevor sie nach ihrem ersten Mord erneut zuschlagen können. DNA-Analysen gehören in den USA bei Mordermittlungen inzwischen zum Standardverfahren und immer mehr öffentliche und private Räume werden kameraüberwacht, als das noch in den 1970er- und 1980er-Jahren der Fall war.

Viele Mörder haben also auch heute noch das Potenzial zum Serientäter, nur werden sie – wie gesagt – von den Strafverfolgungsbehörden glücklicherweise oft gestoppt, bevor sie dieses Potenzial verwirklichen. Es gibt heutzutage also nicht weniger Serienmörder als früher, die Möglichkeiten der Strafverfolgung haben sich nur derart stark verbessert, dass wir sie leichter schnappen können.

GELTEN DIKTATOREN UND TERRORISTEN AUCH ALS SERIENMÖRDER?

Nein. Die von derartigen Menschen verübten Verbrechen fallen unter »politisches Morden«, was mit klassischen Serienmorden nur insofern etwas gemein hat, als unschuldige Menschen dadurch ihr Leben verlieren. Bei Diktatoren, Terroristen und wohl auch bei Soldaten im Kampfeinsatz besteht eine gewisse Distanz zwischen Täter und Opfer. Ihre Einstellung zum Töten ist eine andere, denn sie tun es (in der Regel) nicht zur sexuellen Bedürfnisbefriedigung oder für den Adrenalinkick.

Es kann natürlich auch Ausnahmen geben, denn wie Sie später noch lernen werden, landen manche Psychopathen aufgrund ihrer Machtgetriebenheit irgendwann in der Politik.

WELCHE WAFFE SETZEN SERIENMÖRDER AM HÄUFIGSTEN EIN?

Wenn wir uns einen Serienmörder vorstellen, dann wahrscheinlich als zwielichtigen Kerl, der vermummt in dunklen Nebenstraßen lauert und ein großes Messer schwingt. Tatsächlich sind Messer aber gar nicht die beliebteste Tatwaffe von Serienmördern, Erstechen ist sogar nur die dritthäufigste Tötungsart.

Die am häufigsten verwendete Tatwaffe von Serienmördern ist die Pistole. Das mag Sie vielleicht überraschen, schließlich widerspricht eine Schusswaffe auf den ersten Blick allem, worum es einem Serienmörder geht: nämlich eine enge Verbindung zu seinem Opfer herzustellen und dessen Tod so »intim« wie möglich zu erleben. Sie verleiht einem Mörder jedoch, besonders trotz eventueller körperlicher Einschränkungen, die volle Kontrolle über sein Opfer. Täter, die beispielsweise nicht in der Lage sind, ihre Opfer mit bloßen Händen zu überwältigen, drohen deshalb oft mit Schusswaffen. Aus Angst fügen sich dann viele Opfer. Und: Wenn der Mord schnell gehen soll, ist eine Pistole die einfachste Lösung. Von den rund 10 000 dokumentierten Serienmorden seit 1900 erfolgte mehr als die Hälfte durch Erschießen.

Die nach Erschießen zweithäufigste Tötungsart ist Strangulation, sie macht 22 Prozent aller Serienmorde seit 1900 aus. Erstechen kommt mit 15 Prozent auf Platz drei. Andere Methoden von Serienmördern sind unter anderem Bombenanschläge, Ertränken, Vergiften, Verbrennen, Erschlagen, Ersticken und Überfahren.

SCHON GEWUSST?

- Es gibt viele Fälle von Einmaltätern, die abwegige Gegenstände als Mordwaffe eingesetzt haben, darunter neben Schaufeln, Scheren und Kettensägen auch Socken, Mikrowellen und sogar eine Klobrille. Serienmörder verwenden jedoch zumeist Schusswaffen, Messer, Seile oder ihre bloßen Hände.
- Die wohl einmaligste Tatwaffe, die je in einem Mehrfachtötungsdelikt eingesetzt wurde, war ein Samuraischwert. Teodoro Baez tötete damit 1999 zwei Menschen in Chicago.

- Laut einer Studie der Radford University bevorzugen Serienmörder mit einem höheren IQ statt Pistolen und Messern eher Bomben und Gift.
- Serienmörder mit einem niedrigeren IQ erschlagen oder erstechen ihre Opfer lieber.

WIE SIEHT DER TYPISCHE SERIENMÖRDER AUS?

Wir stellen uns einen Serienmörder vermutlich als weißen, verhältnismäßig dünnen und nicht sonderlich attraktiven Mann zwischen Mitte 20 und Mitte 30 vor. Das stimmt mit der Wirklichkeit aber nur teilweise überein: Von den in den USA gefassten Serienmördern waren tatsächlich 92,3 Prozent Männer. Allerdings waren nur 27 Prozent zwischen Mitte 20 und Mitte 30 und – noch überraschender – nur 52,1 Prozent aller US-Serienmörder sind weiß. 40,3 Prozent sind schwarz und 7 Prozent hispanischer Abstammung. Indigene Amerikaner und Asiaten machen jeweils 1 Prozent aus. Männliche Serienmörder töten im Schnitt mit 27,5 zum ersten Mal, Frauen mit 32.

WIE GEHEN SERIENMÖRDER VOR?

Falls Sie sich häufiger mit True Crime und den Prozessen der Kriminalistik befassen, haben Sie vermutlich schon einmal den

Begriff »Modus Operandi« gehört. Das ist Latein und bedeutet so viel wie: »Art des Handelns«. Die Bestimmung des Modus Operandi ist integraler Bestandteil einer jeden polizeilichen Ermittlung, denn er beschreibt, wie ein Täter seine Verbrechen plant und durchführt. Die offizielle Definition lautet:

> *»Der ›Modus Operandi‹ beschreibt das typische Vorgehen eines Straftäters, das heißt die Ausführung der eigentlichen Tat, die anschließende Flucht sowie das Verschleiern der eigenen Identität. Der Modus Operandi beschreibt also, wie ein Täter eine Tat begeht, um welche Tat es sich handelt und was nötig ist, sie zu vollenden.«*

GEHT EIN SERIENMÖRDER IMMER GLEICH VOR?

Über einen ausreichend langen Zeitraum betrachtet, ist der Modus Operandi jener Aspekt des Verbrechens, der sich am wahrscheinlichsten verändert und weiter- oder in manchen Fällen auch zurückentwickelt. Serienmörder verfeinern ihre Fertigkeiten mit jedem weiteren Opfer.

Ted Bundys Modus Operandi war es anfangs, Frauen, die er bewunderte, heimlich durchs Fenster zu beobachten. Vom Spanner wurde er mit der Zeit zum Stalker, bis er irgendwann dazu überging, seine Opfer hinterrücks zu attackieren. Später änderte Bundy sein Vorgehen erneut, als er seine Verbrechen um nekrophile Elemente erweiterte. Das Verändern des Modus Operandi ist in der Regel ein Trial-and-Error-Prozess. Wenn bei einer Tat etwas nicht funktioniert, dann wird der Täter es beim nächsten Mal vermutlich anpassen oder weglassen und etwas anderes versuchen.

Der »Night Stalker« Richard Ramirez ist durch offene Fenster oder unverschlossene Türen in die Häuser seiner Opfer eingedrungen. Als er mit der Zeit immer sicherer darin wurde, begann er, Schlösser zu knacken und Fenster einzuschlagen, um sich Zugang zu bestimmten Häusern zu verschaffen.

Nur selten bleibt der Modus Operandi eines Serienmörders über dessen gesamte Verbrecherkarriere hinweg unverändert. Kleinere Abweichungen gibt es immer, selbst wenn das Endergebnis (Folter, Vergewaltigung, Mord) dasselbe bleibt. Da das Ziel stets absolute Befriedigung und vollständige Kontrolle über das Geschehen ist, entwickelt sich der Modus Operandi des Täters dementsprechend weiter.

RITUAL- UND SIGNATURE-VERHALTEN

Beim sogenannten »Signature-Verhalten« (etwa: charakteristisches Verhalten) handelt es sich um eine individuell typische Tatkomponente, die aus den persönlichen Fantasien des Mörders erwächst. Für die Durchführung des eigentlichen Verbrechens sind diese Handlungen nicht notwendig, es geht dabei lediglich um die Befriedigung emotionaler und psychologischer Bedürfnisse des Täters. Im Gegensatz zum Modus Operandi ändert sich das Signature-Verhalten eines Täters nie oder nur äußerst selten.

Am Signature-Verhalten lässt sich das Hauptmotiv für einen Mord erkennen. Wenn ein Täter seine Opfer zum Beispiel foltert oder verstümmelt, dann ist dies ein Signature-Verhalten, das auf sexuellen Sadismus als Tatmotiv schließen lässt. Stiehlt der Täter seinem Opfer nach dem Mord die Wertsachen, dann wäre dies ein Signature-Verhalten mit dem Motiv Habgier.

Die Bezeichnung Ritual wird häufig synonym mit dem Signature-Begriff verwendet, wenn es eine klare Abgrenzung zwischen Modus Operandi und Signature-Verhalten gibt. Alternativ beschreibt sie ritualisiertes Verhalten eines Täters, im Kontrast zu zwanghaften Triebtaten.

Während zwanghafte Täter impulsiv handeln, vollziehen Mörder bei ritualisierten Taten oft eine Reihe vorher festgelegter Schritte, um das Verbrechen und den Tatort exakt so zu gestalten, wie sie es sich in ihrer Fantasie ausgemalt haben. So positionieren sie Opfer etwa auf eine bestimmte Art und Weise, behalten deren Wertsachen als Andenken, hinterlassen eine Art »Visitenkarte«, verstümmeln die Leichen nach dem Mord oder töten ihre Opfer in einer bestimmten Reihenfolge (Richard Ramirez tötete zum Beispiel immer zuerst den Mann). Auch eine Kombination mehrerer dieser Dinge ist möglich. In solchen Fällen gilt das Handeln des Täters aufgrund der methodischen Herangehensweise als ritualisiert und nicht bloß als reines Signature-Verhalten.

IM KOPF EINES PSYCHOPATHEN

Die Begriffe Serienmörder und Psychopath werden häufig im selben Atemzug genannt und nicht selten synonym verwendet, schließlich muss ein Täter ja irgendwie krank im Kopf sein, um derart furchtbare Verbrechen zu begehen, wie sie in diesem Buch beschrieben werden. Doch der Psychopathen-Begriff ist deutlich weiter gefasst und viel komplexer als viele Menschen glauben. Während die meisten Serienmörder zwar tatsächlich Psychopathen sind, werden überraschenderweise längst nicht alle Psychopathen auch zu Mördern – im Gegenteil.

WAS GENAU IST EIN PSYCHOPATH?

Als »Psychopath« bezeichnen wir im Alltag eine Reihe verschiedener Charaktere, meist aggressive Persönlichkeitstypen ohne Reue. Doch Psychopathie ist ein medizinischer Fachbegriff mit einer klaren Definition.

Es handelt sich bei Psychopathie um eine dissoziale Persönlichkeitsstörung, die durch eine Reihe bestimmter Merkmale charakterisiert wird, darunter:

- dissoziales Verhalten
- oberflächlicher Charme
- Mangel an Emotionen
- fehlendes Schuldbewusstsein
- Narzissmus
- Impulsivität
- Mangel an Empathie
- parasitärer Lebensstil
- mangelhafte Verhaltenssteuerung

Einige dieser Persönlichkeitsmerkmale kommen Ihnen aus dem Alltag sicherlich bekannt vor. Denn in der Tat zeigen die meisten Menschen mit einer gewissen Regelmäßigkeit eines oder mehrere dieser Charakteristika, weshalb wir sie dennoch nicht alle als Psychopathen bezeichnen würden. Die treffendste Analogie, mit der sich Psychopathie beschreiben lässt, ist ein DJ-Mischpult mit seinen dutzenden Reglern. Nur wenn alle Regler in den roten Bereich geschoben sind, kann man einen Menschen als Psychopath bezeichnen.

Etwa 29 Prozent der Gesamtbevölkerung zeigen regelmäßig eine oder mehrere dieser Eigenschaften, aber nur 0,6 Prozent sind wirklich Psychopathen. Nämlich diejenigen, bei denen eine Vielzahl dieser Eigenschaften täglich sichtbar wird.

WIE UNTERSCHEIDEN SICH PSYCHOPATHEN UND SOZIOPATHEN?

Die Bezeichnungen »Psychopath« und »Soziopath« werden häufig synonym verwendet, vor allem im Zusammenhang mit den schlimmsten Mördern der Welt. Zwar können sich psychologische Fachtermini durchaus weiterentwickeln und verändern, dennoch gibt es zwischen beiden Begriffen fachliche Unterschiede. Wenn also jemand einen bestimmten Serienmörder als Psychopath oder Soziopath bezeichnet, dann beschreibt er ihn damit nicht unbedingt auf jene Weise, die wir Ihnen gleich vorstellen werden.

Der Hauptunterschied zwischen Psychopathen und Soziopathen ist, dass Psychopathen in der Regel »organisierter« vorgehen, während Soziopathen eher als »unorganisiert« gelten. Ein psychopathischer Serienmörder ließe sich etwa folgendermaßen charakterisieren:

- emotional kontrolliert und methodisch vorgehend
- von durchschnittlicher oder überdurchschnittlicher Intelligenz
- sozial kompetent, überzeugend und manipulativ
- oftmals gut ausgebildet, Fachkraft oder selbstständig
- sexuell ausgelastet
- hat kaum Maßregelung in der Kindheit erfahren
- konsumiert moderate Mengen Alkohol vor oder nach einem Verbrechen
- interessiert an Medienberichten über eigene Verbrechen
- oft verheiratet oder geschieden, teils mit Kindern
- kehrt mit hoher Wahrscheinlichkeit an den Tatort zurück
- begeht Verbrechen in bekannter Umgebung
- schüchtert Opfer absichtlich ein, um sein Machtgefühl zu steigern
- betreibt großen Aufwand, um alle forensischen Beweise vom Tatort zu entfernen
- behält Trophäen seiner Opfer

Im Gegensatz dazu zeichnen einen Soziopathen folgende Merkmale aus:

- impulsiv, neigt zu Gewaltausbrüchen
- von unterdurchschnittlicher Intelligenz
- schlecht ausgebildet, ungelernter Arbeiter
- sexuell oft unausgelastet
- von Gewalt geprägte Kindheit

- konsumiert vor einem Mord größere Mengen Alkohol
- alleinlebend
- entmenschlicht und objektifiziert seine Opfer, um mögliche Gewissensbisse zu lindern
- tötet, wenn sich die Gelegenheit bietet
- versteckt die Leichen von Opfern nach dem Morden häufig nicht
- erkennt die Schwere seiner Taten nicht vollumfänglich

EIN TYPISCHER PSYCHOPATHISCHER SERIENMÖRDER

Dennis Rader, auch bekannt als »BTK-Killer« (kurz für »bind, torture, kill«, also »fesseln, foltern, töten«), war das Paradebeispiel für einen psychopathischen Serienmörder. Rader war Familienvater und ein respektiertes Mitglied seiner Gemeinde in Wichita, im US-Bundesstaat Kansas. Allerdings führte er auch ein Doppelleben als Serienmörder, der zwischen 1974 und 1991 zehn Menschen umgebracht hat.

Bevor er zuschlug, stalkte Rader seine Opfer meist über einen längeren Zeitraum hinweg und lernte so deren Tagesabläufe kennen. Wenn die Zeit gekommen war, brachte er alle Werkzeuge mit, die er brauchte, um in die Häuser seiner Opfer einzudringen und sie zu ermorden: Schraubenschlüssel, Seil, Isolierband. Bei einigen Opfern durchtrennte er sogar das Telefonkabel, um zu verhindern, dass sie Hilfe rufen konnten.

Nach jedem Mord nahm Rader Trophäen seiner Opfer mit, oft die Unterwäsche der Frauen. Außerdem verhöhnte er Polizei und Presse mit abscheulichen Briefen. In einem fragte er frech: »Wie viele Leute muss ich noch töten, bevor mein Name in der Zeitung steht und ich landesweit Aufmerksamkeit bekomme?« Rader tötete nicht nur zur Befriedigung seiner sexuellen Bedürfnisse, sondern war geradezu besessen davon, berühmt zu werden.

EIN TYPISCHER SOZIOPATHISCHER SERIENMÖRDER

Die schrecklichste Serienmörderin aller Zeiten, Aileen Wuornos, zeigte während ihrer Mordserie das klassische Verhalten einer Soziopathin. Wuornos trieb sich als Prostituierte entlang der Highways von Florida herum und erschoss zwischen 1989 und 1990 sechs Männer.

Alle Opfer hatten zuvor ihre Dienste als Sexarbeiterin in Anspruch genommen. Wuornos behauptete, die Männer seien aggressiv geworden, sobald sie mit ihnen alleine gewesen war (was bis heute debattiert wird), und dass sie lediglich aus Notwehr gehandelt habe. Nachdem sie ihre Opfer getötet hatte, nahm Wuornos ihnen die Wertsachen ab und machte sie zu Geld. Die Leichen entsorgte sie in waldigen Gebieten, gab sich aber keine große Mühe, sie zu verstecken. Bei einem Test im Gefängnis kam heraus, dass Wuornos nur einen IQ von 81 besaß.

SCHON GEWUSST?

- »Jack the Ripper«, einer der ersten Serienmörder, die im Fokus der Öffentlichkeit standen, galt als unorganisierter Soziopath.
- Ted Bundy, der geradezu als der Superstar unter den Serienmördern gilt, zeigte insbesondere in seinen späteren Morden in hohem Maße Anzeichen von Soziopathie.
- Mordende Soziopathen neigen dazu, ihre Opfer überraschend zu attackieren, um sofortige Kontrolle über die Situation zu haben.

UND WAS IST EIN PSYCHOTIKER?

Psychotische Serienmörder sind ähnlich desorganisiert wie Soziopathen, leiden in der Regel aber unter massiven psychischen Erkrankungen, die ihr Weltbild in starkem Maße verzerren. Sie sind fast immer als visionäre Serienmörder zu klassifizieren und geben die Schuld für ihr Handeln externen Mächten, die sie zum Töten zwingen.

Diese Art von Mördern geht willkürlicher und chaotischer vor als ihre psychopathischen Kollegen. Bei ihren Opfern handelt es sich meist um vollkommen fremde Personen, die sie in sprunghaften Gewaltausbrüchen ermorden. Dabei gehen Psychotiker oft große Risiken ein und hinterlassen jede Menge Beweise. Sie nehmen sich weder die Zeit noch besitzen sie den nötigen Weitblick, um Beweise am Tatort zu beseitigen oder die Leichen ihrer Opfer an abgelegenen Orten verschwinden zu lassen.

GIBT ES SERIENMÖRDER, DIE IN MEHRERE KATEGORIEN PASSEN?

Weil »organisiert«, »unorganisiert« und »psychotisch« Begriffe mit einer recht weitgefassten Bedeutung sind, passen nicht alle Serienmörder genau in die eine oder andere Kategorie. Es gibt eine Vielzahl an Faktoren, die beeinflussen, wie ein Serienmörder letztlich klassifiziert wird. Dazu gehören: Intelligenz, Eigenwahrnehmung, der Einsatz von Rauschmitteln, persönliche Umstände und vieles mehr. Viele typische Wesensmerkmale treffen daher auf mehrere Tätertypen zu.

Jeffrey Dahmer wird häufig als ein solcher »gemischter« Tätertyp bezeichnet, weil er Anzeichen organisierten, desorganisierten und auch psychotischen Verhaltens gezeigt hat. Dahmer hatte es auf homosexuelle Männer abgesehen, die er in seiner Nachbarschaft in Milwaukee, im US-Bundesstaat Wisconsin, aufgabelte und unter dem Vorwand, Sex mit ihnen haben zu wollen, in seine Wohnung lockte. Dort setzte er sie unter Drogen und fesselte sie, bevor er sie tötete und ihre Leichen zerstückelte. Einmal schaffte es eines von Dahmers Opfern, aus der Wohnung zu fliehen und zufällig vorbeikommende Polizisten zu alarmieren, doch Dahmer konnte die Beamten davon überzeugen, den offensichtlich benommenen jungen Mann mit ihm gehen zu lassen. Daraufhin brachte er ihn zurück in seine Wohnung und tötete ihn.

All das lässt auf erstaunliche soziale Fähigkeiten und eine gewisse Organisiertheit schließen, andererseits war Dahmer während seiner Morde häufig derart betrunken, dass er sich angeblich gar nicht mehr daran erinnern konnte. Er verdingte sich mit einem Hilfsarbeiterjob, der keine besonderen Fähigkeiten erforderte, lebte allein und traf selten Vorkehrungen, um seine Spuren zu verwischen. Zudem zerstückelte er seine Opfer in extremem Maße und bewahrte in seiner Wohnung ihre Körperteile in Einmachgläsern auf.

SIND ALLE SERIENMÖRDER PSYCHOPATHEN?

Diese Frage war in den vergangenen Jahrzehnten immer wieder Gegenstand vieler Debatten. Inzwischen sind Experten sich einig, dass nicht alle Serienmörder automatisch auch als Psychopathen bezeichnet werden können. Es existiert allerdings ein starker Zusammenhang zwischen Psychopathie und Serienmord und die meisten Serienmörder leiden zweifellos an einer oder mehreren schweren dissozialen Persönlichkeitsstörungen. Einfach jedem Serienmörder den Stempel »Psychopath« zu verpassen, wäre allerdings falsch.

Laut einer Studie von Professor Michael H. Stone von der Columbia University aus dem Jahr 2001

- erfüllen 86,5 Prozent aller Serienmörder die Kriterien der sogenannten »PCL-R-Psychopathie-Checkliste« nach Robert D. Hare, einem kanadischen Kriminalpsychologen. Bei weiteren 9 Prozent wurden zumindest Anzeichen für Psychopathie festgestellt.
- erfüllen 87,5 Prozent aller Serienmörder die Kriterien einer sadistischen Persönlichkeitsstörung des »Diagnostischen und statistischen Leitfadens für psychische Störungen« (»The Diagnostic and Statistical Manual of Mental Disorders«, kurz: »DSM-III«). Bei weiteren 1,5 Prozent wurden zumindest Anzeichen einer sadistischen Persönlichkeitsstörung festgestellt.
- erfüllt die Hälfte aller Serienmörder die Kriterien einer schizoiden Persönlichkeitsstörung des »DSM-IV«. Bei weiteren 4 Prozent wurden zumindest Anzeichen einer schizoiden Persönlichkeitsstörung festgestellt.

WAS SIND TYPISCHE ANZEICHEN VON PSYCHOPATHIE?

Psychopathische Verhaltensmerkmale können eine Vielzahl verschiedener Formen annehmen, lassen sich im Allgemeinen aber zu einigen wenigen charakteristischen Anzeichen zusammenfassen. Die häufigsten darunter sind:

- aggressives Verhalten
- Neigung zu Gewaltausbrüchen
- oberflächlicher Charme und Charisma
- Tendenz zum Lügen
- Unfähigkeit, zwischen richtig und falsch zu unterscheiden
- Unfähigkeit, Reue oder Empathie zu zeigen
- mangelnde Achtung vor Sicherheit und Verantwortung
- sozialen Normen widersprechendes Verhalten
- parasitärer Lebensstil
- Manipulation oder bewusste Schädigung anderer, Verletzten der Rechte anderer
- regelmäßige Konflikte mit dem Gesetz
- Impulsivität und Planungsunfähigkeit
- schnell auftretende Langeweile und Suche nach Nervenkitzel
- keine Sorge um Konsequenzen

DIE »MACDONALD-TRIADE«

Die »MacDonald-Triade«, auch bekannt als »Dreiklang des Bösen«, beschreibt drei Faktoren, die auf mögliche gewalttätige Neigungen einer Person schließen lassen, wenn bei dieser Person mindestens zwei davon beobachtet werden. Die Theorie wurde 1963 vom Psychiater J. M. MacDonald vorgestellt.

Die Grundidee lautet, dass ein Kind, bei dem die entsprechenden Faktoren zutreffen, später als Erwachsener Gewalttaten verüben könnte. Und tatsächlich zeigen Serienmörder diese drei Faktoren besonders häufig. Die Faktoren sind:

- Tierquälerei
- Brandstiftung
- regelmäßiges Einnässen

Quält ein Kind Tiere, lässt das darauf schließen, dass es sein Umfeld kontrollieren oder seine Neigung zu Machtspielchen ausleben möchte. MacDonald glaubte, dass solche Kinder möglicherweise autoritären Erwachsenen ausgesetzt sind, gegen die sie sich nicht wehren können, weshalb sie ihre Frustration an etwas schwächerem auslassen.

Brandstiftung im Kindesalter ist laut MacDonald ein Ventil für Kinder, um ihre Gefühle von Hilflosigkeit und Aggressivität herauszulassen, und zwar im Rahmen eines von ihrer Situation losgelösten Verbrechens. Kinder mit derartigen Neigungen genießen vermutlich die vom Feuer verursachte Zerstörung, denn die sichtbaren Konsequenzen ihrer Tat stillen ihren Hunger nach Chaos.

Die sogenannte Enuresis, also das fortgesetzte Einnässen auch älterer Kinder, steht laut MacDonalds Theorie im Zusammenhang mit ähnlichen Gefühlen von Demütigung und Erniedrigung, die auch die anderen Merkmale der Triade auslösen. Für MacDonald ist Einnässen außerdem ein Anzeichen für mangelnde Impulskontrolle, wie sie auch bei Serienmördern häufig zu beobachten ist. (Hinweis: Eine Enuresis wird definiert als »unabsichtliches Einnässen im Schlaf, auch über das Alter von fünf Jahren hinaus«. Das Einnässen muss mindestens zweimal pro Woche in mindestens drei aufeinanderfolgenden Monaten erfolgen.)

IST DIE MACDONALD-TRIADE ZUTREFFEND?

Zwar gilt die MacDonald-Triade gemeinhin als Blaupause für die Diagnose potenzieller gewalttätiger Tendenzen bei Kindern, jedoch wurde sie seit ihrer Entwicklung auch immer wieder kritisch diskutiert. 1966 ergab eine unabhängige Studie, dass 87 von 88 inhaftierten Gewaltverbrechern als Kinder mindestens zwei der drei Faktoren aus MacDonalds Theorie zeigten. 2004 belegte eine andere Studie einen noch stärkeren Zusammenhang zwischen der Misshandlung von Tieren und Gewalt gegen Menschen.

Allerdings zeigte eine Studie aus dem Jahr 2018 auch, dass bei einem signifikanten Teil heutiger Gewaltverbrecher im Kindesalter nicht zwei oder mehr Faktoren der MacDonald-Triade beobachtet werden konnten. Stattdessen kamen die Forscher zum Ergebnis, die MacDonald-Triade sei kein Indikator für künftiges gewalttätiges Verhalten der Kinder, sondern lasse vielmehr darauf schließen, dass sie gegenwärtig in einem gewalttätigen Umfeld aufwachsen – wodurch sie als Erwachsene jedoch nicht zwingend selbst zu Gewalttätern werden müssen.

VERSPÜREN ALLE PSYCHOPATHEN DEN DRANG ZU TÖTEN?

Nein, im Gegenteil. Es gibt viele Psychopathen, die im Alltag perfekt funktionieren und ein gewöhnliches, friedliches Leben führen, ohne den Drang zu verspüren, anderen Menschen wehzutun. Psychopathen sind komplexe Wesen, die ganz unterschiedliche Persönlichkeiten und Beweggründe haben, genauso wie neurotypische – also »normale« – Menschen auch.

Viele dieser »funktionierenden« Psychopathen besitzen allerdings dieselben Wesensmerkmale, die weiter vorn in diesem Buch aufgelistet sind. Sie fühlen beispielsweise keine Reue oder nutzen oberflächlichen Charme, um ihre Ziele zu erreichen. Aber Sie können beruhigt sein: Ob Psychopath oder nicht, die meisten Menschen verspüren keinen Drang, jemanden umzubringen.

WIE VIELE MENSCHEN SIND PSYCHOPATHEN?

Eine genaue Analyse, wie viele Psychopathen auf der Erde leben, ist schwierig, aber Experten schätzen, dass 0,75 bis 1 Prozent der Bevölkerung psychopathische Züge besitzen. In bestimmten Regionen kommt Psychopathie häufiger vor als in anderen, in großen Städten etwa, weil Psychopathen sich häufig von der Geschäftswelt angezogen fühlen. Einer weiteren Schätzung zufolge sind die Haftanstalten in den USA zu 25 Prozent mit Psychopathen belegt.

KANN PSYCHOPATHIE AUCH EINEM GUTEN ZWECK DIENEN?

Absolut. Psychopathen geben in der Geschäftswelt exzellente Führungskräfte ab. Aufgrund ihrer fehlenden Emotionen glänzen sie in extremen Stresssituationen und hochriskanten Berufen. Psychopathen sind durchsetzungsstark und effizient. Und wenn doch einmal etwas schiefgeht, halten sie sich nicht lange damit auf, sondern streben konstant nach dem nächsten Erfolg. Aus diesem Grund brillieren Psychopathen in bestimmten Berufen besonders (mehr dazu im Kapitel *Serienmörder und ihre Berufe*). In der Geschäftswelt, im medizinischen Bereich, in Strafverfolgungsbehörden und im Militär wimmelt es häufig geradezu von Menschen mit psychopathischen Wesenszügen.

Laut Kevin Dutton, dem Autor des Buchs *Psychopathen: Was man von Heiligen, Anwälten und Serienmördern lernen kann*, gibt es auch im Showgeschäft jede Menge Psychopathen. Dutton behauptet sogar, Rockstar und Verkehrspilot Bruce Dickinson (Iron Maiden) sei ein »guter« Psychopath, der selbst in Stresssituationen mit extremem Druck die Ruhe bewahren könne.

LÄSST SICH EIN PSYCHOPATH AN SEINEM ÄUSSEREN ERKENNEN?

Einem Menschen seine Psychopathie anzusehen, gilt als unmöglich, zumindest auf den ersten Blick. Psychopathen besitzen nicht nur dieselben äußeren Merkmale wie neurotypische Menschen, sondern sind auch Meister der Tarnung. Sie haben ihr gesamtes Leben lang gelernt, sich an gesellschaftliche Erwartungen anzupassen, und sind deshalb in der Lage, ihr oberflächliches Verhalten so zu steuern, dass sie in ihrem sozialen Gefüge nicht auffallen.

Dennoch können Psychopathen ihre wahren Absichten nicht immer gänzlich verbergen: Ihre Augen verraten oftmals, wie es hinter der Maske wirklich aussieht.

Vielleicht haben Sie den berüchtigten eiskalten Blick eines Psychopathen ja schon einmal gesehen, der keinerlei Gefühle erkennen lässt, selbst im Angesicht größter Schwierigkeiten. Viele Jahre lang galt dieser »Psycho-Blick« als reiner Mythos, neuste wissenschaftliche Erkenntnisse lassen allerdings darauf schließen, dass durchaus etwas Wahres dran sein könnte.

Die Augen sind wichtige Eckpfeiler der Körpersprache und nonverbalen Kommunikation. Nicht umsonst gelten sie als »Fenster zur Seele«. In welche Richtung wir blicken, wenn wir etwas erinnern, wie lange wir dem Blick anderer standhalten können und wie unsere Augen sich weiten oder verengen, wenn wir Informationen mitgeteilt bekommen, lässt darauf schließen, was tief in uns vorgeht.

Unsere Pupillen weiten sich in der Regel, wenn wir etwas sehen, dass uns aufregt, verärgert oder verstört. Grund dafür ist unser angeborener »Kampf oder Flucht«-Reflex. Die Pupillen weiten sich aber auch, wenn uns etwas erregt. Erfahrene Kartenspieler beobachten daher stets die Augen ihrer Gegenspieler, um herauszufinden, ob diese ein gutes Blatt auf der Hand haben.

Bei Psychopathen kommt es dagegen nur selten zu einem solchen Weiten der Pupillen, auch nicht in stressigen oder potenziell gefährlichen Momenten. Aufgrund ihrer fehlenden Emotionen reagieren sie in solchen Situationen anders als »normale« Menschen dies tun würden. Wenn Sie also feststellen wollen, ob es sich bei ihrem Gegenüber um einen Psychopathen handelt, dann achten Sie vor allem auf dessen Pupillen.

WISSEN PSYCHOPATHEN, DASS SIE PSYCHOPATHEN SIND?

Mehr oder weniger. Psychopathen ist sehr wohl bewusst, dass mit ihnen etwas nicht stimmt. Weil sie aber nur selten ihren Gedanken nachhängen, finden die meisten nie genau heraus, was es ist. Weil alle Psychopathen von Geburt an so sind wie sie sind, dauert es außerdem eine gewisse Zeit, bis sie erkennen, dass andere Menschen nicht so emotionslos sind wie sie.

Psychopathen sind sich ihrer Situation häufig deshalb nicht bewusst, weil die Medien ein Bild von ihnen zeichnen, das mit der Wirklichkeit nicht viel gemein hat. So werden Psychopathen oft keinerlei emotionale Fähigkeiten zugeschrieben, was so aber nicht stimmt. Sie besitzen durchaus ein gewisses emotionales Bewusstsein, nur eben ein äußerst abgestumpftes. Da sie sich ihrer eigenen Gefühle bewusst sind, erkennen viele Psychopathen sich möglicherweise nicht als solche, da sie fälschlicherweise annehmen, alle Psychopathen seien völlig emotionslose Monster.

WIRD MAN ALS PSYCHOPATHISCHER SERIENMÖRDER GEBOREN?

Eine der ältesten Fragen der Kriminalpsychologie ist, ob man als psychopathischer Serienmörder geboren oder dazu erzogen wird. Die klassische Anlage-oder-Umwelt-Debatte also. Die Antwort darauf mag enttäuschend sein, doch die Wahrheit liegt irgendwo in der Mitte.

Belegt ist, dass Psychopathen mit ihrer Störung geboren werden. Keine medizinische oder therapeutische Maßnahme kann einen Psychopathen davon abhalten, ein Verlangen nach Macht und Dominanz zu hegen. Dies ist Teil ihrer Persönlichkeit, von dem Moment an, in dem sie sich ihrer selbst bewusst werden. Wie erwähnt, kann sich die Ausprägung der psychopathischen Wesensmerkmale von Person zu Person aber stark unterscheiden.

Nicht jeder Psychopath wird außerdem zum kaltblütigen Mörder. Viele führen ein erfolgreiches und angenehmes Leben, ohne anderen Menschen je auch nur ein Haar zu krümmen. Es muss also noch andere Faktoren geben, die einen Psychopathen zum Serienmörder werden lassen.

Ein solcher Faktor sind Misshandlungen im Kindesalter. Viele Serienmörder haben als Kinder wiederholt Gewalt erfahren, entweder durch Eltern, Geschwister oder andere erwachsene Autoritätspersonen. Diese traumatischen Erfahrungen verzerren die Einstellung der Psychopathen anderen Menschen gegenüber zusätzlich und verursachen einen tiefsitzenden Hass, den die Betroffenen mitunter ein Leben lang loszuwerden versuchen. Die Kombination aus einer genetischen Prädisposition für gewalttätiges Verhalten und einer von Misshandlungen geprägten Kindheit scheint ein Rezept zu sein, das aus Psychopathen besonders häufig Mörder macht.

GELTEN PSYCHOPATHISCHE SERIENMÖRDER VOR GERICHT ALS UNZURECHNUNGSFÄHIG?

Nein, nur bei wenigen psychopathischen Serienmördern ist das der Fall. Für Unzurechnungsfähigkeit – und damit Schuldunfähigkeit – existiert keine strikte psychiatrische Klassifizierung. Es handelt sich dabei um einen juristischen Begriff mit einer weitgefassten Bedeutung, die sich von Land zu Land und dort gegebenenfalls sogar von Ort zu Ort unterscheidet. Unzurechnungsfähig ist laut offizieller Definition im deutschen Strafgesetzbuch,

»wer bei Begehung der Tat wegen einer krankhaften seelischen Störung, wegen einer tiefgreifenden Bewusstseinsstörung oder wegen einer Intelligenzminderung oder einer schweren anderen seelischen Störung unfähig ist, das Unrecht der Tat einzusehen oder nach dieser Einsicht zu handeln«.

Auf einige Serienmörder mag diese Definition zutreffen, die meisten Psycho- und Soziopathen sind sich ihres Handelns aber vollkommen bewusst, sie scheren sich nur nicht um die daraus folgenden Konsequenzen. Aus diesem Grund kann man mordende Psycho- und Soziopathen nicht pauschal als unzurechnungsfähig bezeichnen, auch wenn viele von ihnen abnormale Denk- und Verhaltensmuster zeigen.

Auf Unzurechnungsfähigkeit zu plädieren, ist in der Vergangenheit eine beliebte Strategie von Strafverteidigern geworden. Viele Angeklagte versuchen so, ihre grauenvollen Taten zu verharmlosen, und spekulieren auf ein geringeres Strafmaß. Obwohl diese Masche sehr weit verbreitet ist, werden aber nur wenige Serienmörder tatsächlich von Gutachtern für unzurechnungsfähig erklärt.

SCHON GEWUSST?

- Der einzige Serienmörder, der je erfolgreich auf Unzurechnungsfähigkeit plädiert hat, war 1968 Ed Gein.
- Albert Fish, der behauptete, über 100 Kinder getötet zu haben, weil er Stimmen von Gott gehört hat, plädierte 1935 auf

Unzurechnungsfähigkeit, wurde aber für schuldfähig erklärt und zum Tode verurteilt.

- Jeffrey Dahmer plädierte ebenfalls auf Unzurechnungsfähigkeit, bekam vom Gutachter allerdings den Vollbesitz seiner geistigen Kräfte bestätigt.
- Auch andere Serienmörder haben erfolglos auf Unzurechnungsfähigkeit plädiert, darunter Kenneth Bianchi, Anthony Sowell, Peter Sutcliffe und John Wayne Gacy.

HAT DAS XYY-SYNDROM ETWAS MIT DER PSYCHOPATHIE VON SERIENMÖRDERN ZU TUN?

Beim XYY-Syndrom handelt es sich um eine seltene Genommutation, bei der ein Mann ein zusätzliches Y-Chromosom von seinem Vater erhält, was einen Chromosomenaufbau von XYY zur Folge hat. Aufgrund dieses zusätzlichen Y-Chromosoms produziert der Körper große Mengen des weiblichen Sexualhormons Östrogen. Bei den Serienmördern Bobby Joe Long und Richard Speck war dies etwa der Fall. Als dies bekannt wurde, entstand eine Debatte darüber, ob das XYY-Syndrom vielleicht der Auslöser dafür war, dass die beiden Kriminellen später zu Mördern wurden. Die Annahme damals lautete, das zusätzliche Y-Chromosom ließe Männer stärker zu Gewalt neigen.

Inzwischen weiß man, dass dies nur ein Mythos ist. Wissenschaftliche Daten belegen, dass Männer mit einem zusätzlichen

Y-Chromosom, verglichen mit solchen ohne die genetische Anomalie, keine genetische Prädisposition für gewalttätiges Verhalten besitzen. Der einzige konkrete Zusammenhang ist, dass das zusätzliche Chromosom unangenehme Folgen für die Betroffenen haben kann, wie extreme Akne, eine vergrößerte Brust oder eine höhere Stimme. Mögliche damit einhergehende Demütigungen im Kindes- und Jugendalter können dann wiederum einen tiefsitzenden Hass verursachen.

IST PSYCHOPATHIE HEILBAR?

Nein, ein Heilmittel für Psychopathie gibt es nicht, zumindest nicht in Form einer medizinischen Behandlungsmethode. Psychopathie ist keine psychische Erkrankung, sondern eine Persönlichkeitsstörung und kann deshalb nicht auf dieselbe Weise therapiert werden.

Aber Psychopathie lässt sich auf verschiedene Weisen kontrollieren, vor allem wenn der Psychopath inhaftiert ist. Am effizientesten lässt sich das Verhalten von Psychopathen mithilfe eines Belohnungssystems steuern, etwa indem man ihnen für erwünschtes Verhalten ihre bevorzugten Lebensmittel oder Medien in Aussicht stellt. Negative Verstärkung in Form von Strafen bringen dagegen wenig, da sich Psychopathen um Konsequenzen, Schmerzen oder Ungemach nicht scheren. Wirklich ändern werden sich Menschen mit psychopathischen Wesenszügen jedoch nie.

MOTIVE: WAS TREIBT SERIENMÖRDER AN?

Auch wenn es für rational denkende Menschen unvorstellbar ist, alle Serienmörder haben für ihr Handeln einen bestimmten Grund, egal wie absurd oder surreal dieser auch klingen mag. Ein solches Motiv kann simpler Natur sein, sexuelle Befriedigung etwa oder das Bedürfnis, einen anderen Menschen zu kontrollieren. Es gibt allerdings auch ungewöhnliche und geradezu bizarre Motive. Das Motiv ist der Motor eines jeden Serienmörders. Es veranlasst ihn überhaupt erst dazu, seine grauenvollen Taten zu begehen.

WAS IST DAS SELTSAMSTE MOTIV EINES SERIENMÖRDERS ALLER ZEITEN?

Der kalifornische Serienmörder Herbert Mullin tötete zwischen 1972 und 1973 13 Menschen, weil er überzeugt war, damit verhindern zu können, dass seine Heimatstadt von Erdbeben heimgesucht wird. Mullin gehörte also offensichtlich zur psychotischen Serienmörder-Kategorie. Er tötete, weil ein wahnhafter Irrglaube seine Realitätswahrnehmung völlig verzerrt hatte.

Mullin wurde am 18. April 1947 geboren, dem Jahrestag des verheerenden Erdbebens in San Francisco 1906, bei dem 80 Prozent der Stadt zerstört wurden. Diese Tatsache, in Kombination mit exzessivem Drogenmissbrauch und einer ohnehin äußerst verdrehten Lebensauffassung, prägte Mullin im Erwachsenenalter stark.

Dies ist sicher eines der seltsamsten Motive für einen Serienmörder, in Mullins Kopf ergab aber alles einen Sinn.

SCHON GEWUSST?

- Mullin tötete zuerst einen obdachlosen Mann mit einem Baseballschläger, weil er ihn für die biblische Figur Jona hielt, der ihm per Telepathie die Botschaft gesandt hatte: »Töte mich, damit andere gerettet werden!«
- Eines von Mullins Opfern, eine 24 Jahre alte Frau, wurde ihm zunächst gar nicht zugeschrieben. Die Ermittler glaub-

ten nämlich, sie sei einem anderen Serienmörder zum Opfer gefallen, der zur selben Zeit sein Unwesen trieb: Edmund Kemper.

- Bei der Auswahl seiner Opfer ließ Mullin keinerlei Muster erkennen, er tötete gleichermaßen Männer und Frauen, alt wie jung.
- Während Mullins Mordserie gab es tatsächlich keine Erdbeben in Kalifornien, dafür absurderweise wenige Wochen nach seiner Verhaftung.

HABEN MÄNNLICHE SERIENMÖRDER ANDERE MOTIVE ALS WEIBLICHE?

Männer und Frauen haben in der Regel vollkommen unterschiedliche Motive für Serienmorde. Während Männer vor allem für Macht, Dominanz und sexuelle Befriedigung töten, tun Frauen dies eher, um sich zu bereichern. Wie weiter vorne in diesem Buch erwähnt: Die meisten Serienmörderinnen sind sogenannte »Comfort-Killer« – sie töten für materielle Annehmlichkeiten.

Wenn eine Frau tötet, dann tut sie dies üblicherweise aus einem klar erkennbaren Grund, meist, um ihr eigenes Leben in irgendeiner Weise aufzuwerten. Habgier ist also ein wichtiges Motiv für Serienmörderinnen, ein weiteres ist das Beseitigen eines unerwünschten Gegenspielers. Das kann eine Rivalin sein oder ein unliebsamer Ehemann.

Serienmörderinnen unterscheiden sich von ihren männlichen Kollegen auch hinsichtlich der Vorgehensweise. Während Männer oft mit Schusswaffen oder Messern töten, tun Frauen dies deutlich unauffälliger. Am häufigsten vergiften Serienmörderinnen ihre Opfer, in der Statistik dicht gefolgt von Erstechen und Ersticken. Meist kennen sie ihre Opfer, Fremde töten sie eher selten. Das Bedürfnis nach Lustbefriedigung ist bei ihnen außerdem, bis auf einige wenige Fälle (Rose West, Joanna Dennehy, Karla Homolka), die Ausnahme. Dafür töten Frauen beunruhigenderweise häufiger Kinder, als Männer dies tun.

WELCHER BRITISCHE SERIENMÖRDER WAR VON EINSAMKEIT GETRIEBEN?

Dennis Nilsen war ein isoliert lebender Schotte aus Aberdeenshire mit einem völlig verkümmerten Sozialleben. Nilsen tötete zwischen 1978 und 1983 15 Menschen, sein Motiv: Einsamkeit. Er lockte junge, homosexuelle Männer in seine Londoner Wohnung, wo er sie erwürgte oder ertränkte. Anschließend badete Nilsen die Leichen und machte sie mit schicker Kleidung zurecht, bevor er sich an ihnen verging, sie zerstückelte und ihre Überreste entweder in einem Lagerfeuer verbrannte oder die Toilette herunterspülte.

Bei seiner Verhaftung benannte Nilsen als Grund für die Morde den Wunsch nach Gesellschaft. Von Bedeutung sei nicht das Töten selbst gewesen, sondern das »Zusammenleben« mit den Leichen, das er nach Vollenden seiner Taten ausgiebig auskostete. Im Gefängnis sagte er später Folgendes aus:

> *»Durch den ständigen Druck auf der Arbeit und die Einsamkeit, die mir extremes Leid und Kummer verursachte, bin ich zwanghaft auf der Suche nach einer Möglichkeit, der Wirklichkeit zu entfliehen. Wenn ich Alkohol trinke, dann ziehe ich los und verlasse die Isolation meiner gefängnisartigen Wohnung. Ich bringe dann andere mit nach Hause, die ich manchmal nicht mehr gehen lassen kann, weil ich möchte, dass sie meine Erlebnisse und mein Hochgefühl mit mir teilen.«*

Aufgrund seines ähnlichen Modus Operandi wird Nilsen häufig als britischer Jeffrey Dahmer bezeichnet.

WER TÖTETE, WEIL MONTAG WAR?

Serienmörderin Brenda Spencer hatte ein unfassbares Tatmotiv. Spencer, ein gestörtes Kind aus dem kalifornischen San Diego, war die erste Frau, die in den USA ein Schulattentat verübte.

Im Januar 1979 gab sie aus dem Fenster ihres Zimmers 36 Schüsse auf Kinder ab, die auf der anderen Straßenseite vor der Grover-Cleveland-Grundschule warteten. Dabei kamen der Direktor und der Hausmeister der Schule ums Leben. Acht Kinder und ein Polizeibeamter namens Robert Robb wurden verletzt. Spencer war zum Tatzeitpunkt erst 17 Jahre alt.

Bei ihrer Verhaftung erzählte Spencer den Polizisten, der Grund für ihre Tat sei gewesen, dass sie »Montage nicht leiden« könne und das Erschießen der Menschen ihren »Tag aufhellen« sollte. Der Vorfall diente als Inspiration für den berühmten Song *I Don't Like Mondays* von den Boomtown Rats.

WER WAR DER BERÜCHTIGTE GRABRÄUBER, DER LEICHEN AUSGRUB, UM EINEN ANZUG AUS IHRER HAUT ZU FERTIGEN?

Ed Gein, einer der bekanntesten Serienmörder aller Zeiten, hatte ein überaus groteskes Motiv für die grauenvollen Verbrechen, die er beging. Gein war ein ziemliches Muttersöhnchen und von Geburt an vernarrt in seine streng gläubige Mutter. Als die eines Tages starb, versuchte Gein, ihr Andenken auf extrem verstörende Weise fortleben zu lassen.

Er suchte die Friedhöhe von Plainfield im US-Bundesstaat Wisconsin heim und grub die Leichen kürzlich verstorbener älterer Damen aus. Anschließend brachte er sie in sein Bauernhaus, wo er sie zerstückelte, um aus ihrer Haut einen Anzug anzufertigen, mit dem er sich als seine tote Mutter verkleiden wollte.

Als Leichen ihm irgendwann nicht mehr ausreichten, wandte Ed Gein sich lebenden Frauen zu. Er erschoss zwei Frauen in seiner Heimatstadt, nahm ihre Leichen mit nach Hause und tat mit ihnen dasselbe. Bei der Durchsuchung seines Hauses fand die Polizei eine ganze Kollektion absonderlicher »Kleidungsstücke« aus menschlicher Haut und Knochen.

SCHON GEWUSST?

- Obwohl er einer der berüchtigtsten Serienmörder der Geschichte ist, erfüllte Ed Gein viele Jahre lang nicht die entsprechenden Kriterien des FBI, weil er »nur« zwei Opfer getötet hatte.
- Neben dem Mord an zwei Frauen war Gein auch am Tod seines eigenen Bruders beteiligt, vermutete die Polizei.
- Als die Polizei 1957 Geins Haus durchsuchte, hatte zwölf Jahre lang niemand mehr einen Fuß in das Schlafzimmer seiner Mutter gesetzt.
- Gein war der einzige Serienmörder in den USA, der je erfolgreich auf Unzurechnungsfähigkeit plädiert hat.
- Als der Sheriff, der ihn verhaftet hatte, während des Verhörs von Geins Taten erfuhr, wurde er so wütend, dass er ihn gewaltsam attackierte. Wegen der dabei entstandenen Kopfverletzungen wurde Geins erste Aussage vor Gericht nicht zugelassen.

WELCHER SERIENMÖRDER GLAUBTE, 70 FRAUEN TÖTEN ZU MÜSSEN, UM EIN MAGISCHER HEILER ZU WERDEN?

Ahmad Suradji war ein Serienmörder aus Indien. Die Zahl seiner Opfer ist extrem hoch und auch sein Motiv sticht hervor.

Suradjis Mordserie dauerte elf Jahre an, von 1986 bis 1997. Er war ein sogenannter »Dukun«, eine Art indischer Schamane, dem magische Fähigkeiten zugeschrieben werden. Zu ihm kamen Frauen, die mithilfe seiner Weisheit ihr Leben verbessern wollten. Suradji führte die Frauen daraufhin hinaus in ein Zuckerrohrfeld, wo er sie bis zur Hüfte eingrub, angeblich als Teil eines Rituals, das sie schöner und reicher machen sollte.

Nachdem sie eingegraben waren, erwürgte er sie und trank abstruserweise ihren Speichel. Als die Polizei von Suradjis Taten erfuhr, behauptete er, ihm sei sein Vater im Traum erschienen und hätte von ihm verlangt, den Speichel von 70 Frauen zu trinken, um ein magischer Heiler zu werden.

Als die Polizei das Feld durchsuchte, fand sie dort die verwesenden Leichen von 42 Frauen vergraben. Suradjis drei Frauen (die obendrein Geschwister waren) wurden ebenfalls verhaftet, weil sie ihrem Gatten bei seinen zahlreichen Morden geholfen hatten.

WER TÖTETE, WEIL ER GLAUBTE, SEINE OPFER WÜRDEN IHN MIT HEXEREI VERGIFTEN?

Juan Covington ist ein Serienmörder aus Pennsylvania, der behauptete, seine Opfer hätten versucht, ihn per Telepathie zu vergiften.

Als Covington Mitte 20 war, verstarb sein Vater, woraufhin er psychisch erkrankte. Irgendwann begann er, sich seltsam zu benehmen und erschoss 1998, scheinbar völlig ohne Grund, einen Baptistenpfarrer aus dem Ort. Sieben Jahre später erschoss er auf der Straße wahllos einen Mann, erneut ohne erkennbares Motiv, nachdem er in den Jahren zuvor bereits zwei Angriffe verübt hatte, bei denen die Opfer gelähmt überlebten.

Noch im selben Jahr tötete Covington dann Patricia McDermott, eine Röntgentechnikerin des Pennsylvania Hospital. Aufnahmen der Sicherheitskamera führten die Polizei schließlich zu Covington, der im selben Krankenhaus arbeitete und die Tat sofort gestand. Seiner Aussage nach hatte er die Frau getötet, weil sie versucht hatte, ihn mit Röntgenstrahlen zu vergiften. Erstaunlicherweise gestand Covington anschließend auch die beiden vorhergehenden Morde und gab als Grund an, beide Männer hätten versucht, ihn mit Hexerei zu vergiften.

WELCHER UBER-FAHRER LIEF AMOK, WEIL ÜBER DIE UBER-APP ANGEBLICH DER TEUFEL ZU IHM GESPROCHEN HATTE?

Ein Mann namens Jason Dalton tötete im Februar 2016 in Kalamazoo County, im US-Bundesstaat Michigan, in einer einzigen Nacht sechs Menschen. Scheinbar wahllos eröffnete Dalton an drei verschiedenen Orten im County das Feuer: in einem Wohnkomplex, vor einem Restaurant und in einem Autohaus.

Als die Polizei Dalton verhaftete, der bis dato durch keinerlei psychische Erkrankung aufgefallen war, behauptete er, die Uber-App auf seinem Smartphone hätte ihn zu den Massenschießereien getrieben. Dalton gab an, das Uber-Logo habe ihn an das Siegel des »Order of the Eastern Star« – eine Freimaurerbrüderschaft – erinnert und die Kontrolle über seinen ganzen Körper übernommen. Als er die App auf seinem Handy aktiviert hat, sei eine weitere App aufgepoppt, durch die der Teufel auf dem Bildschirm direkt zu ihm gesprochen habe. Die Farbe der App sei dabei von Schwarz auf Rot gewechselt, ab diesem Zeitpunkt habe der Teufel die Kontrolle über ihn gehabt. Folgende Aussage machte Dalton bei der Polizei:

»Ich habe einfach draufgetippt und plötzlich erschien eine Art Teufelskopf. Er hatte Hörner, so ähnlich wie der Schädel von einem Rind oder so. Als ich drauftippte, sagte er, ich könne sagen, was immer ich wolle, ohne dass es irgendwel-

che Konsequenzen nach sich ziehen würde. Wenn die App rot ist, hat sie die volle Kontrolle über dich. Der Kopf hat mir dann einfach zugezwinkert. Sobald die App von Schwarz auf Rot wechselte, war ich wie von ihr gefesselt.«

WAS WAR DAS BANALSTE MOTIV, DAS EIN SERIENMÖRDER JE HATTE?

1979 entdeckte die Polizei in Alaska entlang des Alaska Highways die verwesenden Überreste eines Mannes. Die wahre Identität des Opfers konnte nicht verifiziert werden, zu Lebzeiten trug er jedoch den Spitznamen »One-Eyed Jack« (»Einäugiger Jack«), nachdem er bei einem Holzfällerunfall angeblich ein Auge verloren hatte.

One-Eyed Jacks Mörder wurde nach dem Fund der Leiche zwar schnell gefasst, seine Identität aber nie öffentlich gemacht. Warum, ist bis heute nicht bekannt. Als gesichert gilt nur, dass One-Eyed Jack im Städtchen Boise, in Idaho, per Anhalter losgefahren war und irgendwann in Alaska mit dem Mann ankam, der später sein Mörder wurde.

Als die Polizei den Mörder befragte, warum er One-Eyed Jack getötet und die Leiche entlang des Highways entsorgt habe, entgegnete der: »Er ging mir auf die Nerven.« Mehr sagte er nicht und die Identität des nonchalanten Killers ist bis heute ein Geheimnis.

WELCHER JAPANISCHE MÖRDER BEHAUPTETE, SEINE AUSGEDACHTE FANTASIEFIGUR, DER »RATTENMANN«, HABE IHM BEFOHLEN, ZU TÖTEN?

Tsutomu Miyazaki, auch bekannt als der »Otaku-Killer«, war einer der schlimmsten und furchterregendsten Mörder Japans. Zwischen 1988 und 1989 tötete Miyazaki in seiner Heimatstadt Tokio vier junge Mädchen, die er entführte, erwürgte und zerstückelte.

Miyazaki war ein Einzelgänger und verbrachte den Großteil seiner Zeit mit dem zwanghaften Konsum von Pornovideos in seinem Schlafzimmer. Schon als Jugendlicher hatte er ein ungesundes Verhältnis zu Sex und Pornografie entwickelt und war insbesondere von Frauenhänden besessen, da seine eigene Hand leicht missgebildet war.

Er verstümmelte die Leichen seiner Opfer, trank in einigen Fällen anschließend ihr Blut und aß ihr Fleisch. Dabei schenkte er den Händen und Armen der Mädchen besondere Aufmerksamkeit und bewahrte sogar einige davon daheim in seinem Küchenschrank auf. 1989 wurde Miyazaki von der Polizei verhaftet. Während des folgenden Prozesses schob er die Schuld für seine Taten dem »Rattenmann« zu, einer selbst erdachten Fantasiegestalt, die während der Morde angeblich die Kontrolle über seinen Geist und Körper übernommen hatte.

Besonders bizarr: Die Polizei fand Zeichnungen der seltsamen Kreatur in Notizbüchern, die noch aus Miyazakis Kindheit stammten.

WARUM WOLLTE DER RUSSISCHE SERIENMÖRDER ALEXANDER PITSCHUSCHKIN NUR EINE BESTIMMTE ANZAHL AN MENSCHEN TÖTEN?

Alexander Pitschuschkins Ziel war es, 64 Menschen zu töten – gerade genug, um ein Schachbrett mit ihnen zu füllen und die Opferzahl seines Idols, des Serienmörders Andrei Tschikatilo, zu überbieten.

Pitschuschkin wuchs in den 1970er- und 1980er-Jahren in Sowjetrussland auf und entwickelte schon in jungen Jahren eine tiefe Obsession für Schach. Als Jugendlicher begann Pitschuschkin, kleine Jungen zu foltern. Dabei filmte er sie und erpresste sie später mit den Aufnahmen.

1992 mordete Pitschuschkin zum ersten Mal und tötete von da an weiter bis zum Jahr 2006. Seine Opfer waren zumeist obdachlose Männer, es waren aber auch Frauen und Kinder darunter. Er lockte sie erst in einen abgeschiedenen Teil eines nahegelegenen Waldes und erschlug sie dort mit einem Hammer. Zunächst entsorgte er die Überreste seiner Opfer in einem Brunnen, später ließ er sie, den Elementen ausgesetzt, offen liegen.

SCHON GEWUSST?

☠ Alexander Pitschuschkin trug stets einen Notizblock in seiner Tasche mit sich, in das er ein Schachbrett eingezeichnet hatte. In jedem Feld stand ein Datum, das für einen seiner Morde stand.

- Zum Zeitpunkt seiner Verhaftung hatte Pitschuschkin bereits 61 Felder gefüllt – es fehlten also nur noch drei und sein Ziel wäre erfüllt gewesen.
- Dass Pitschuschkin sich für seine Opferzahl selbst eine Obergrenze auferlegt hat, ist für einen Serienmörder äußerst selten.
- Nur ein anderer Serienmörder hat behauptet, eine solche Obergrenze gehabt zu haben: Der Brite Stephen Griffiths wollte 14 Frauen ermorden, »um den ›Yorkshire Ripper‹ um eine zu überbieten«.

WELCHER NEW YORKER KRANKENPFLEGER TARNTE SEINE SERIENMORDE ALS HELDENTATEN?

Richard Angelo, auch bekannt als »Angel of Death« (»Engel des Todes«), war ein Krankenpfleger, der 1987 sechs Patienten vergiftete. Er litt am sogenannten Heldensyndrom.

Nachdem er 1987 eine Stelle als Rettungssanitäter in Long Island, New York, angenommen hatte, wurde er wegen des ausbleibenden Lobs seiner Kollegen zusehends depressiver. Deshalb erfand Angelo eine Methode, mit der er wie ein Held wirken und durch sein medizinisches Fachwissen glänzen konnte.

Er begann, Patienten im gesamten Krankenhaus mit einer Mischung lähmender Medikamente zu vergiften, indem er die

Mixtur in ihre Infusionsbehälter mischte. Sobald die Patienten dann Symptome eines Notfalls zeigten, war er sofort zur Stelle, um sie zu »retten«.

Leider gingen einige dieser Experimente schief und die Patienten starben. Ein Opfer erwischte Angelo außerdem dabei, wie er den Infusionsbehälter mit dem tödlichen Cocktail versetzte. In einer Aussage bei der Polizei behauptete er später:

> *»Ich wollte eine Situation schaffen, in der ich bei Patienten Schmerzen oder Probleme bei der Atmung verursachte, die ich durch mein Eingreifen, meinen fachlichen Rat oder was auch immer beheben konnte, sodass es so schien, als wüsste ich, was ich tat. Ich hatte keinerlei Selbstbewusstsein und hatte stets das Gefühl, nicht gut genug zu sein.«*

WELCHER SERIENMÖRDER VERSUCHTE, DIE STIMMEN SEINER OPFER ZU STEHLEN?

Edward Leonski war US-Soldat, Boxer und Bodybuilder. Vor allem war er aber auf seltsame Weise besessen von Frauenstimmen. Während er 1942 im australischen Melbourne stationiert war, erwürgte er drei Frauen, was ihm später den Spitznamen »Brownout Strangler« einbrachte. (Ein »Brownout« bezeichnet ein phasenweises, gezieltes Abschalten des Stroms in bestimmten Regionen, um Energie zu sparen. Australien tat dies in

Kriegszeiten regelmäßig. »Strangler« ist das englische Wort für »Würger«.)

Leonski hatte unter seinen Kameraden einen gewissen Ruf. Er machte ständig Probleme und betrank sich regelmäßig bis zur Besinnungslosigkeit. Zudem war er ein Angeber und Frauenheld. Als Kind wurde er immer wieder von seinem Vater misshandelt. Die Schmerzen etwas lindern konnte dann nur die bezaubernde Stimme seiner Mutter, die ihn in den Schlaf gesungen hat.

Diese Erinnerungen an die wenigen schönen Momente in Leonskis Kindheit wuchsen sich im Erwachsenenalter zu einer furchtbaren Störung aus. Nachts suchte Leonski Frauen auf den Straßen Melbournes heim, erwürgte sie und ließ ihre Leichen einfach liegen, bis die ersten Frühaufsteher darüber stolperten. Er tötete drei Frauen in 15 Tagen.

Leonski wurde schnell verhaftet und gestand später sein Motiv für die Morde. Er gab an, eine dunkle Faszination für die Stimmen von Frauen zu besitzen, vor allem wenn sie singen. Und tatsächlich war eines von Leonskis Opfern Sängerin in einer Bar. Er behauptete, dass er die Stimmen seiner Opfer für sich selbst behalten wollte.

WELCHES SERIENMÖRDER-DUO WOLLTE EINE FRAU IN JEDEM TEENAGERALTER TÖTEN?

Roy Norris und Lawrence Bittaker, besser bekannt als die »Toolbox Killers« (»Werkzeugkoffer-Mörder«), sind zwei der skrupellosesten und sadistischsten Mörder der Geschichte. Sie töteten, um zu quälen und zu foltern, zusätzlich wollten die beiden aber auch ihre »Sammlung« vervollständigen. Sie hatten nämlich vor, je ein Mädchen in allen Altersstufen zwischen 13 und 19 Jahren zu töten.

Bittaker und Norris lernten sich 1977 im Gefängnis kennen. Nach ihrer Entlassung 1979 taten sie sich zusammen und durchstreiften mit dem Auto Südkalifornien, um Frauen zu entführen und zu foltern.

Entweder überredeten sie die Mädchen, per Anhalter bei ihnen mitzufahren oder zerrten sie einfach von der Straße in ihren Van, den sie als »Murder Mack« bezeichneten (etwa: »Mord-Bus«). Hatten sie die Opfer einmal in ihrer Gewalt, fesselten und knebelten Bittaker und Norris sie, um sie anschließend stundenlang zu foltern und zu vergewaltigen. Bei diesen abscheulichen Taten setzten sie überwiegend Werkzeuge ein und töteten die Opfer schließlich per Strangulation oder indem sie ihnen einen Eispickel in den Schädel rammten.

Das mörderische Duo tötete fünf junge Frauen, ihre grauenvolle Sammlung vervollständigten sie nicht. Viele der Folter-Sessions dokumentierten sie mit Fotos und Tonbandaufnahmen.

SCHON GEWUSST?

- Während der Verhandlung wurde ein kurzer Ausschnitt der Tonbandaufnahme vom letzten Mord der Toolbox Killers abgespielt. Viele der Anwesenden verließen daraufhin fluchtartig und geschockt den Gerichtssaal.

- Dieselbe Aufnahme wird FBI-Rekruten als Teil ihrer Ausbildung vorgespielt, um sie für menschliche Gewalt zu desensibilisieren.
- Jonathan Demme, der Regisseur von *Das Schweigen der Lämmer*, erhielt im Rahmen seiner Recherchen für den Film ebenfalls Zugang zu den Tonbandaufnahmen. Er bezeichnete sie anschließend als das Verstörendste, was er je gehört hat.
- Die Aufnahmen wurden nie veröffentlicht. Allerdings existiert ein (äußerst verstörendes) Transkript davon, das öffentlich zugänglich ist.

WELCHE SERIENMÖRDERIN TÖTETE, UM IHRE KAUFSUCHT ZU FINANZIEREN?

1994 tötete die amerikanische Serienmörderin Dana Sue Gray im Zeitraum von vier Wochen drei Frauen, nur um weiter ihrer Shoppinglust frönen zu können.

Gray hatte finanzielle Schwierigkeiten. Sie war arbeitslos und hatte einen Berg an Schulden angehäuft. Weil sie verzweifelt Geld brauchte, wurde sie zur Mörderin. Sie tötete drei Frauen im Süden Kaliforniens und gönnte sich jeweils kaum eine Stunde nach den Morden Shopping-Marathons mit den Kreditkarten der Toten.

Grays letztes auserkorenes Opfer – die Angestellte eines Antiquitätengeschäfts – überlebte den Mordversuch und konnte den Ermittlern eine Täterbeschreibung von Gray geben.

WELCHER SERIENMÖRDER TÖTETE FRAUEN WEGEN EINES SCHUHFETISCHS?

Jerry Brudos, bekannt als der »Shoe Fetish Slayer« (»Schuhfetisch-Schlächter«) war ein nekrophiler Serienmörder aus Webster, im US-Bundesstaat South Dakota. Brudos wurde schon früh von seiner Mutter misshandelt, weil sie lieber ein Mädchen zur Welt gebracht hätte. Als er im Alter von fünf Jahren auf einer Müllhalde ein paar High Heels fand, entwickelte er eine Obsession für Frauenschuhe. Im darauffolgenden Jahr wurde Brudos erwischt, als er versuchte, die Schuhe seiner Grundschullehrerin zu stehlen.

Als Jugendlicher war Brudos bereits Dauerpatient in psychiatrischen Kliniken in ganz South Dakota. Mit gerade einmal 17 entführte er zum ersten Mal eine Frau, die er umzubringen drohte, sollte sie nicht tun, was er sagte. Er wurde prompt verhaftet und in eine weitere Psychoklinik gesteckt, wo Schizophrenie und eine extreme Form von Misogynie bei ihm diagnostiziert wurden.

Brudos Mordserie begann 1968. Zuerst gab er vor, Enzyklopädien zu verkaufen und lockte so eine Frau in seine Wohnung, wo er sie umbrachte. Danach entführte er eine Frau, die an einem Highway gestrandet war und per Anhalter fahren wollte. Von da an begann er, Frauen auf offener Straße zu entführen und in seine Wohnung zu bringen, wo er sie schließlich erwürgte. Nach ihrem Tod vollzog Brudos sexuelle Handlungen an den Leichen und behielt Schuhe und amputierte Körperteile als Trophäen. Die Leichen beschwerte er mit Maschinenbauteilen und versenkte sie in Flüssen um Oregon herum.

MORDEN IST MEIN GESCHÄFT: SERIENMÖRDER UND IHRE BERUFE

Serienmörder verbringen nur einen winzigen Teil ihrer Lebenszeit mit dem Töten. Was tun sie also den Rest der Zeit über? Wie die meisten anderen Menschen gehen sie arbeiten. Wir stellen uns Serienmörder gern als arbeitslose Einzelgänger oder Büroangestellte vor, die von ihren eintönigen Jobs in den Wahnsinn getrieben wurden. Tatsächlich sind sie aber in einer Vielzahl von Branchen und Berufsfeldern tätig, einige sogar in einflussreichen Positionen, die sie durchaus auch zu ihrem Vorteil nutzen.

WELCHE BERUFE ÜBEN SERIENMÖRDER ÜBLICHERWEISE AUS?

Die schaurige Wahrheit ist, dass Serienmörder überall zu finden sind, in der Industrie, im Dienstleistungsgewerbe und in der Geschäftswelt. Es gibt keinen bestimmten Berufszweig, der sie besonders anzieht. Wie bereits erwähnt, landen Psychopathen häufig in machtvollen, hochrangigen Führungspositionen, für die man in Drucksituationen einen kühlen Kopf braucht. Allerdings sind nicht alle Serienmörder komplette Psychopathen, die in jeder Facette ihres Lebens nach völliger Dominanz streben. Es gibt schließlich auch die desorganisierten Soziopathen und die irren Psychotiker. Auch diese Menschen müssen irgendwo arbeiten. Wo genau, hängt immer vom Einzelnen ab. In einigen Fällen wählen Serienmörder aber tatsächlich Jobs, die ihnen bei ihren mörderischen Taten zugutekommen.

Über die Jahre haben Wissenschaftler herausgefunden, dass sich unterschiedliche Typen von Serienmördern manchmal zu bestimmten Berufszweigen hingezogen fühlen.

ARBEITEN SERIENMÖRDER EHER IM BÜRO ODER AM FLIESSBAND?

Dies ist keinesfalls eine feste Regel, aber Forscher haben festgestellt, dass organisierte Psychopathen häufiger in Bürojobs arbeiten, während desorganisierte Täter eher simple Handarbeiten ausführen.

Auch die ökonomischen und sozialen Umstände müssen berücksichtigt werden, wenn man die Berufe von Serienmördern im Lauf der Geschichte betrachtet. In den 1970er- und 1980er-Jahren – der Hochzeit der Serienmorde – war der Arbeitsmarkt ein völlig anderer als heute. Viele, vor allem simple Tätigkeiten wurden inzwischen automatisiert, sodass es die entsprechenden Berufe überhaupt nicht mehr gibt. Jeffrey Dahmer arbeitete etwa als Mischer in der Milwaukee-Ambrosia-Schokoladenfabrik, eine Arbeit, die heute gänzlich von Maschinen erledigt wird. Desorganisierte Täter wie er sind heute deshalb in anderen Berufsfeldern zu finden, vor allem wenn sie ihre Berufe nutzen, um geeignete Opfer zu finden.

Mörder, die einst manuelle Arbeiten ausgeführt haben, sind heute vielleicht in Tech-basierten Jobs zu finden, die ihnen bei ihren Taten nützen. Letztlich gibt es aber kein konkretes Schema, welchen Berufen sich Serienmörder zuordnen lassen. Dies hängt stets von individuellen und sozioökonomischen Faktoren ab.

WELCHE ZWÖLF BERUFE ÜBEN SERIENMÖRDER AM HÄUFIGSTEN AUS?

Der Kriminologe und Serienmörder-Forscher Michael Arntfield hat eine Liste von zwölf Berufen erstellt, die Serienmörder am häufigsten ausüben. Er hat dazu den beruflichen Werdegang Hunderter inhaftierter Täter recherchiert und die drei häufigsten Berufe nach Qualifikationsniveau ermittelt. Folgendes kam dabei heraus:

Ungelernte Berufe:

- Hilfsarbeiter (beispielsweise Umzugshelfer oder Landschaftsgärtner)
- Hotelportier
- Tankwart

Anlernberufe:

- Forstarbeiter, Baumpfleger
- Kraftfahrer
- Lagerist

Ausbildungsberufe:

- Fluggerätmechaniker
- Schuster
- Fahrzeugsattler

Öffentlicher Dienst und Kirche:

- Polizist, Sicherheitsbeamter
- Militärpersonal
- religiöse Ämter

Wie Sie sehen, finden sich in dieser Liste Jobs aus einer Vielzahl von Berufsfeldern und Branchen, die sich teilweise überschneiden. Eine Gemeinsamkeit laut Arntfield: Einige dieser Berufe ermöglichen Serienmördern Zugang zu potenziellen und häufig schutzlosen Opfern. »Mörder suchen sich häufig Berufe, die durch eine Kombination aus Mobilität und (struktureller oder direkter) Macht gekennzeichnet sind und oft gleichzeitig eine bestimmte Paraphilie oder sexuelle Vorliebe des Täters bedienen«, so der Kriminologe.

SCHON GEWUSST?

- Ted Bundy hat einmal als Telefonseelsorger bei einer Suizid-Hotline in Seattle gearbeitet.
- John Wayne Gacy verdingte sich nicht nur als Clown auf Kindergeburtstagen, sondern führte auch ein KFC-Restaurant.
- »Golden State Killer« Joseph DeAngelo hat gleich in drei Berufen aus obiger Liste gearbeitet: Er war Polizist, Mechaniker bei der US-Marine und LKW-Fahrer.
- Psychopathen arbeiten am häufigsten als Anwalt, Geschäftsführer beziehungsweise CEO oder Medienpersönlichkeit, allerdings übte kein einziger Serienmörder aus dem westlichen Teil der Welt einen dieser Berufe aus.

WIE NUTZEN SERIENMÖRDER IHREN BERUF ZU IHREM VORTEIL?

Es gab in der Vergangenheit zahlreiche Fälle, in denen Serienmörder ihre Jobs genutzt haben, um Opfer auszuspähen oder Spuren zu verwischen und manche sogar, um ihre mörderischen Taten vorzubereiten oder auszuführen.

Der als »BTK-Killer« bekannt gewordene Dennis Rader war Alarmtechniker bei der Sicherheitsfirma ADT Security Services. Sein Job war es, Alarmanlagen in den Häusern von Kunden einzubauen. Einige dieser Kunden wählte er als Opfer aus, da er deren komplexe Sicherheitssysteme deaktivieren konnte, bevor er in ihre Häuser einbrach. Als die BTK-Morde durch die Medien auch der breiten Bevölkerung bekannt geworden waren, stieg im betroffenen Örtchen Wichita in Kansas die Nachfrage nach Alarmanlagen sprunghaft an. Rader wurde daraufhin von seiner Firma losgeschickt, um Alarmsysteme einzubauen, die ihre Kunden vor dem BTK schützen sollten – diese wussten ja nicht, dass es der BTK-Killer selbst war, der ihre Anlagen installierte.

Robert Pickton, einer der schlimmsten Serienmörder Kanadas, nutzte seinen Beruf, um die Spuren seiner Morde zu verwischen. Pickton war Schweinebauer in dritter Generation und hatte als junger Mann die Farm seiner Eltern in British Columbia übernommen. Er lockte Frauen auf seinen Hof, wo er sie blitzartig überfiel, vergewaltigte und schließlich erwürgte. Sobald seine Opfer tot waren, ließ er sie ausbluten, weidete sie aus und verfütterte ihre Überreste an seine Schweine. Es ging sogar das Gerücht um, er hätte die Überreste zu Hackfleisch verarbeitet, mit Schweinefleisch vermischt und verkauft.

Als die Polizei Picktons Bauernhof 2002 durchsuchte, fand sie auf dem Gelände DNA-Spuren von 33 verschiedenen Frauen. Offiziell angeklagt wurde Pickton in 26 Mordfällen, einem als Mitgefangenen getarnten Undercover-Ermittler gestand er allerdings unfassbare 49. Er wurde 2007 des Totschlags in sechs Fällen schuldig gesprochen, das Verfahren zu den übrigen 20 Morden wurde eingestellt, da das Strafmaß Picktons sich auch bei einem Schuldspruch nicht erhöht hätte.

WAS SIND »TODESENGEL«?

Die sogenannten Todesengel sind wohl die berühmteste Berufsgruppe von Serienmördern. Es handelt sich dabei um medizinische Fachkräfte, die besonders schutzbedürftige Menschen – Kranke und Alte – in ihrer Obhut haben, diese Position aber auf grauenvolle Weise missbrauchen.

Es kann sich dabei um Doktoren, Chirurgen, Kranken- oder Altenpfleger und selbst Therapeuten handeln. Die Vorstellung, dass Ärzte oder Pfleger zu Mördern werden, ist besonders beängstigend. Das Phänomen der Todesengel ist zudem mehrere Hundert Jahre älter als moderne Serienmörder. Fälle, in denen

Krankenschwestern Patienten und Kinder in ihrer Obhut getötet haben, sind bereits aus dem 17. Jahrhundert überliefert.

Der Serienmörder mit den meisten Opfern aller Zeiten, der Hausarzt Dr. Harold Shipman, war ein solcher Todesengel und trieb mehr als 20 Jahre lang unentdeckt sein Unwesen. Mindestens 15 seiner Patienten brachte er mit einer Überdosis Morphium um, er wurde allerdings verdächtigt, bis zu 250 Menschen auf dem Gewissen zu haben.

Der Nazi-Arzt Josef Mengele führte während des Zweiten Weltkriegs grauenvolle Experimente an Kriegsgefangenen und Häftlingen in Konzentrationslagern durch. Nachdem seine Verbrechen bekannt wurden, erhielt Mengele den Spitznamen »Todesengel von Auschwitz«. Mordende Mediziner gab es allerdings schon Jahrhunderte vor ihm.

WAS SIND »GNADENENGEL«?

Bei den sogenannten Gnadenengeln handelt es sich um eine Subkategorie der Todesengel, von denen sie sich zwar nicht in ihren abscheulichen Taten, wohl aber in ihren Motiven unterscheiden. Todesengel morden aus einer Vielzahl von Gründen, wie Kontrollgelüsten, sexueller Befriedigung oder dem Bedürfnis, Gott zu spielen. Gnadenengel töten ihre Patienten dagegen im Glauben, ihnen einen Gefallen zu tun, indem sie ihr Leid beenden.

Der berühmteste Gnadenengel jemals war Charles Cullen, der in einem Zeitraum von 25 Jahren mindestens 29 Patienten nachweislich getötet und die Morde an bis zu 40 Patienten gestanden hat. Cullen arbeitete in mehreren Krankenhäusern in New Jersey und hinterließ dabei einen Pfad aus Leichen. Seine Opfer waren vor allem ältere Patienten, deren Infusionsbeutel er mit einem tödlichen Medikamentencocktail vergiftete.

Bei seiner Verhaftung behauptete Cullen, er wollte mit den Morden verhindern, dass bei seinen Patienten »die Pumpe aussetzt«, sie also einen Herzstillstand erleiden. Cullen war der Ansicht, ein Herzstillstand würde sie entmenschlichen.

WARUM ENTSCHEIDEN SICH SO VIELE POTENZIELLE SERIENMÖRDER FÜR EINEN MEDIZINISCHEN BERUF?

Wie bereits erwähnt, ergreifen viele Psychopathen medizinische Berufe. Chirurg etwa belegt unter den beliebtesten Jobs von Psychopathen den fünften Platz. Der Beruf des Allgemeinmediziners hat es zwar nicht in die Top 15 geschafft, zweifellos arbeiten überall auf der Welt aber auch in diesem Bereich viele Psychopathen.

Es gibt viele Gründe für Psychopathen – oder angehende Serienmörder –, sich für einen solchen Beruf zu entscheiden, vor allem für jene, die nach Macht lechzen und ihre Opfer dominieren wollen. Schließlich ist das Arzt-Patienten-Verhältnis, in dem der Arzt zugleich Bezugs- und Respektsperson ist, schon von Natur aus durch eine gewisse Unterordnung auf Seiten des Patienten geprägt. Das entspricht dem Verlangen eines Serienmörders nach Macht und Autorität.

Ärzte gelten außerdem als Personen mit großer moralischer Integrität. Selbst wenn wir über den Doktor, der uns gegenübersitzt, praktisch nichts wissen, gehen wir doch instinktiv davon aus, dass er ausschließlich unser Bestes im Sinn hat. Diese Dynamik passt wiederum perfekt zum oft listigen und betrügerischen Vorgehen eines Serienmörders.

Hinzu kommt, dass viele Opfer von Todesengeln alt und gebrechlich sind, weshalb nach ihrem Tod selten ermittelt wird. Todesengel bleiben oft über Jahre oder gar Jahrzehnte unentdeckt und werden erst gefasst, wenn die Zahl ihrer Opfer so hoch ist, dass Angehörige oder Ermittler Verdacht schöpfen.

Medizinisches Fachpersonal hat außerdem Zugang zu Medikamenten, mit denen sich Menschen problemlos töten lassen. Fast jeder Todesengel verwendet entsprechende Präparate aus den Beständen der medizinischen Einrichtung, in der er oder sie arbeitet, um Opfer damit zu vergiften. Dies erschwert es Ermittlern, im Verdachtsfall den Schuldigen zu finden.

WELCHER SERIENMÖRDER ARBEITETE ALS TOTENGRÄBER?

Der »Yorkshire Ripper« Peter Sutcliffe hatte für einen Serienmörder den perfekten Job: Bevor er seine Mordserie begann, arbeitete er als Totengräber.

Während dieser Arbeit hörte Sutcliffe angeblich auch zum ersten Mal die Stimme Gottes, die ihm auftrug, Prostituierte zu töten. Er sagte aus, die Stimme sei in seinen Kopf eingedrungen, als er am Grab eines Polen namens Bronislaw Zapolski saß, und habe ihm befohlen, zu töten.

Sutcliffe wurde irgendwann entlassen, weil er ständig zu spät zur Arbeit erschien und weil eines Tages aufflog, dass er Teile der Leichen als Trophäen einbehielt. Er schien außerdem einen ziemlich widerlichen Humor gehabt zu haben und scherzte seinen Kollegen gegenüber mit Andeutungen zu Nekrophilie. Nach seiner Entlassung wurde Sutcliffe LKW-Fahrer – auch ein idealer Beruf für angehende Serienmörder.

HAT SICH JE EIN SERIENMÖRDER ALS ARBEITGEBER AUSGEGEBEN, UM OPFER ANZULOCKEN?

Fälle, in denen Chefs ihre Angestellten umgebracht haben oder umgekehrt, gab es viele. Soweit bekannt ist, war aber nie ein Chef zugleich Serienmörder und hat gezielt Mitarbeiter als potenzielle Opfer eingestellt; zumindest nicht im westlichen Teil der Welt.

Allerdings hat ein mexikanischer Serienmörder in den vergangenen Jahren gefälschte Jobangebote auf Facebook gepostet, um damit junge Frauen anzulocken. Sobald die Opfer sich in seinen privaten Räumlichkeiten befanden, überfiel er sie blitzartig, vergewaltigte und tötete sie.

Im April 2022 traf sich die 31-jährige Viridiana Moreno Vásquez wohl mit diesem Mann in einem öffentlichen Café zu einem Bewerbungsgespräch. Laut der Annonce, auf die sie sich gemeldet hatte, ging es um eine Stelle als Rezeptionistin, die mit 1800 Pesos (damals rund 85 Euro) pro Woche vergütet werden sollte. Aufnahmen einer Sicherheitskamera zeigen, wie beide gemeinsam das Café verließen; seitdem wurde Vásquez nicht mehr gesehen. Ihr Verschwinden brachte die Ermittler auf die Spur eines Verdächtigen, dem seit August 2022 der Prozess gemacht wird. Laut den mexikanischen Behörden soll der Angeklagte diesen Trick bereits seit 2013 angewandt und so mehr als zehn Frauen getötet haben.

WAS IST DER PERFEKTE BERUF FÜR SERIENMÖRDER?

In einer Pressemeldung des FBI war 2016 zu lesen: »Wenn es so etwas wie den idealen Beruf für Serienmörder gibt, dann wohl den des Fernfahrers.«

Laut der Behörde wurden entlang von Amerikas Fernverkehrsstraßen um die 750 Leichen gefunden. Nachdem 2004 bekannt wurde, dass extrem viele Frauen an Highway-Tankstellen und Raststätten im gesamten Land überfallen und ermordet werden, gründete das FBI 2009 die sogenannte »Highway Serial Killings Initiative« (»Initiative zur Aufklärung von Serienmorden an Fernverkehrsstraßen«), um die Koordination zwischen den verschiedenen Strafverfolgungsbehörden zu verbessern und die Gründe für die extrem hohe Opferzahl zu ermitteln.

WARUM IST LKW-FAHREN SO EIN IDEALER BERUF FÜR SERIENMÖRDER?

Berufe »auf Achse« ziehen häufig unstete Charaktere ohne feste familiäre Bindungen an. Der Job von Fernfahrern ist eine nie endende Reise voller Straßen, Ausfahrten und Rasthöfen. Sie fahren durch Gegenden, in die sich nur selten ein Mensch verirrt. Selten bleiben sie länger als einen Tag am selben Ort und Kontakte zu anderen Menschen sind, wenn überhaupt, nur flüchtiger Natur.

Diese Anonymität können sich Serienmörder zunutze machen, etwa indem sie Leichen an abgelegenen Orten entsorgen. Sollten Ermittler die Überreste irgendwann entdecken, ist der Täter längst über alle Berge, in einer anderen Stadt, einem anderen Bundesstaat oder gar in einem anderen Land.

Beweise am Tatort eines Mordes zu sammeln, ist ohnehin eine schwierige Angelegenheit. Wenn der Täter dann noch fünf Bundesstaaten entfernt lebt, erschwert das die Arbeit der Ermittler erheblich. Mordende Trucker haben außerdem die Möglichkeit, die Beweise für ihre Taten über weite Strecken zu verteilen. So können abgetrennte Körperteile, blutige Kleidung und Tatwaffen mitunter Hunderte Kilometer voneinander entfernt verstreut sein.

Ein weiterer Grund, warum die endlosen Highways der USA geradezu ein Paradies für Mörder sind, ist die dort häufig stattfindende Prostitution. Sie kennen das Bild: Nach einer langen Tour hält der abgespannte Brummifahrer an einem Rasthof, wo er umgehend von einer Sexarbeiterin angesprochen wird. Da können viele nicht widerstehen und verbringen den Abend daraufhin im Beisein einer talentierten Escortdame.

Es ist kein Geheimnis, dass Serienmörder häufig Sexarbeiterinnen als Opfer auswählen, und das gilt umso mehr für solche, deren Modus Operandi Highways als Tatort für ihre Verbrechen vorsieht. Prostituierte, die auf der Straße anschaffen, sind besonders angreifbar und wagen sich regelmäßig mit völlig Fremden an abgelegene Orte – perfekte Bedingungen also für Serienmörder. Es ist zudem traurige Realität, dass Ermittlungsbehörden dem Tod von Sexarbeitern häufig keine große Priorität beimessen. Oft fällt das Verschwinden der Opfer gar nicht auf, bis irgendwann ihre Leiche auftaucht. Dies und die Tatsache, dass viele Prostituierte sich strikt weigern, mit Strafverfolgungsbehörden zu sprechen, macht sie, vor allem wenn sie viel Zeit auf der Straße verbringen, zum perfekten Ziel für Serienmörder.

WIE VIELE SERIENMÖRDER WAREN FERNFAHRER?

Zum Zeitpunkt der Entstehung dieses Buchs sind mindestens 25 ehemalige Fernfahrer wegen Mordes in US-Gefängnissen inhaftiert. Das FBI schätzt jedoch, dass es zehnmal mehr ungelöste als gelöste Fälle mordender LKW-Fahrer gibt.

SCHON GEWUSST?

- Der LKW-fahrende Serienmörder Edward Surratt trieb in den US-Bundesstaaten Pennsylvania und Ohio sein Unwesen, wo er 24 Menschen tötete, bevor er endlich gefasst wurde.
- Wayne Adam Ford, ein Fernfahrer aus Kalifornien, nahm auf seinen Touren Anhalterinnen mit und brachte sie um. Anschließen behielt er ihre Leichen tagelang im Fahrzeug.
- Timothy Vafeades, ein Trucker aus Minnesota, entführte junge Frauen auf offener Straße und sperrte sie in einen speziell angefertigten Folterraum in seinem Laster. Ein Opfer hielt er bis zu sechs Monate darin gefangen.
- Der Fernfahrer Bruce Mendenhall tötete Opfer aus Alabama, Indiana und Tennessee.

- Brummi-Fahrer Keith Jesperson tötete Sexarbeiterinnen in den USA und Kanada. Anschließend hinterließ er Botschaften mit Smileys an Rasthöfen in der Nähe der Tatorte.

MELDEN SICH VIELE SERIENMÖRDER BEIM MILITÄR?

Tatsächlich haben viele Serienmörder eine gewisse Zeit beim Militär verbracht. Sie alle scheinen aber zwei Dinge gemein zu haben: Keiner von ihnen hielt lange durch und keiner war je im Gefecht.

Der »BTK-Killer« Dennis Rader diente vier Jahre lang als Fluggerätmechaniker in der U.S. Air Force.

Jeffrey Dahmer trat, ermutigt durch seinen Vater, 1979 in die Armee ein, wo er zum Sanitäter ausgebildet wurde. Aufgrund seines sich stetig verschlimmernden Alkoholproblems wurde er unehrenhaft entlassen. Zum Zeitpunkt seines Militärdienstes hatte Dahmer bereits mindestens einen Menschen getötet.

Gary Ridgway, der berüchtigte »Green River Killer«, diente eine kurze Zeit lang in der U.S. Navy.

Dean Corll, auch bekannt als der »Candy Man«, der mindestens 28 kleine Jungen vergewaltigt, gefoltert und getötet hat, arbeitete als Funkmechaniker in der U.S. Army.

David Berkowitz war einer der wenigen Serienmörder, die während ihrer Zeit beim Militär an die Front geschickt wurden. Er trat 1971 der U.S. Army bei und war in den USA und in Südkorea stationiert.

SIND SERIENMÖRDER OFT BERUFSVERBRECHER?

Viele Serienmörder geraten ihr gesamtes Leben lang mit dem Gesetz in Konflikt, bevor sie schließlich wegen Mordes verhaftet werden. Sie beginnen häufig als Diebe, Voyeure und Kleinkriminelle, erst dann überschreiten Sie die Grenze zum Mord. Die wenigsten Serienmörder sind aber Berufskriminelle in dem Sinne, dass sie durch Verbrechen ihren Lebensunterhalt bestreiten.

Einen Serienmörder gab es allerdings, dessen Leben anscheinend aus nichts als Verbrechen bestand: Der Amerikaner Carl Panzram, einer der brutalsten, sadistischsten und erbarmungslosesten Kriminellen, die es je gab, beging ohne zu zögern eine Tat nach der anderen. Als er 1930 gefasst wurde, gestand Panzram 21 Morde, mehr als 1000 Vergewaltigungen von Männern, sowie tausende Einbrüche, Raube und Brandstiftungen. Nach gerade einmal 45 Minuten Beratung fällte die Jury das Urteil: Tod durch den Strang.

1920 war Panzram sogar ins Haus des früheren Präsidenten William Howard Taft eingebrochen, wo er genug Geld stahl, um sich eine eigene Yacht zuzulegen. Auf das Boot lockte er später Soldaten, die er vergewaltigte, tötete und ins Meer warf.

Panzram mordete über die Grenzen verschiedener Länder und gar Kontinente hinweg und hielt sich währenddessen mit Einbrüchen und Raub über Wasser. Als Panzram schließlich geschnappt und zum Tode verurteilt wurde, sagte er den Ermittlern: »Ich freue mich schon, auf dem elektrischen Stuhl Platz zu nehmen oder am Ende des Galgens zu tanzen, wie es manche Leute in ihrer Hochzeitsnacht tun.«

WOHER STAMMT DAS KLISCHEE, POSTBOTEN WÜRDEN BESONDERS HÄUFIG ZU AMOKLÄUFERN – UND GILT ES AUCH FÜR SERIENMÖRDER?

In den USA steht der Begriff »going postal« (etwa: »den Postboten machen«) für Gewalt am Arbeitsplatz, die nicht selten bis zum Mord eskaliert. Der Begriff wurde 1986 nach einer Reihe von Vorfällen geprägt, in denen Postmitarbeiter für Amokläufe und Morde an Kollegen, Vorgesetzen und Menschen aus der breiten Bevölkerung verantwortlich waren.

Zwar hat bisher noch kein Serienmörder »den Postboten gemacht«, einige haben aber tatsächlich für den Postservice der USA gearbeitet.

David Berkowitz etwa, der in New York sechs Menschen erschossen hat, arbeitete den Großteil seines Berufslebens bei der Post. Während jener Zeit begann auch seine Mordserie. Im Gegensatz zu Amokläufern, die »den Postmann machten«, gefiel Berkowitz seine Arbeit bei der Post jedoch. Später behauptete er, dass er sein gesamtes Berufsleben dort verbracht hätte, wenn er nicht wegen Mordes verhaftet worden wäre.

Ein weiter Postmitarbeiter, der zum Serienmörder wurde, war Robert Shulman. Shulman tötete in den frühen 1990er-Jahren in Long Island, New York, sechs Prostituierte und zerstückelte sie anschließend. Er lud die Damen unter dem Vorwand ein, ihre sexuellen Dienste beanspruchen zu wollen, überwältigte sie und prügelte sie zu Tode. Danach entsorgte er ihre Leichen an verschiedenen Orten in der Gegend von Hicksville, New York.

WAR JE EIN SERIENMÖRDER IN DER POLITIK?

Viele Serienmörder hatten auf die eine oder andere Weise in der Politik zu tun. Außerdem könnte man polemisch argumentieren, dass Politiker mitunter gewissermaßen Serienmörder per Stellvertreter sind. Schließlich gehören auch Krieg, Chaos und Tod zum Geschäft von Politik und es liegt an jedem einzelnen Politiker, sich diesen Dingen zu widersetzen oder sie gar zu fördern. Zwischen dem Entschluss, selbst einen Mord zu begehen, und einer politischen Entscheidung, die Menschenleben fordert, kann der Übergang fließend sein. Während das eine abgrundtief böse und gesellschaftlich geächtet ist, wird das andere akzeptiert; doch beides wurzelt tief in der menschlichen Psyche.

Ted Bundy zog es während seiner Zeit als Student in die Politik. An der University of Washington belegte er einige Kurse in Politikwissenschaft und arbeitete später im Wahlkampfteam der Republikanischen Partei. In dieser Rolle unterstützte er 1968 die Präsidentschaftskandidatur von Nelson Rockefeller und wirkte als Mitglied der Kriminalkommission von Seattle – was rückblickend eine tragische Ironie birgt.

Auch der »Killer Clown« John Wayne Gacy brachte es sowohl als Politiker als auch als Serienmörder zu einiger Bekanntheit. Der für die brutale Ermordung von 33 Menschen verantwortliche Mann war ein regelrechter Tausendsassa, wenn es um berufliche Karrieren ging, und arbeitete in einer Vielzahl verschiedener Branchen.

Gacy war Bauunternehmer mit einer eigenen, erfolgreichen Firma. Er arbeitete außerdem eine Zeit lang als Geschäftsführer einer KFC-Filiale und trat zu Straßenfesten als fies aussehender Clown auf, der Zaubertricks vorführte, wofür er später seinen Spitznamen erhielt. Darüber hinaus war er überzeugtes Mitglied der Demokratischen Partei und in den 1970er-Jahren Bezirksvorsteher in Chicago. Es gibt ein berühmtes Foto, auf dem Gacy neben Rosalynn Carter, der Frau des damaligen Präsidenten Jimmy Carter, posiert.

BON APPETIT: SERIENMÖRDER UND KANNIBALISMUS

Kannibalen bilden eine der bekanntesten Subkategorien von Serienmördern. Die Vorstellung, einen anderen Menschen zu verzehren, finden die meisten Menschen mit klarem Verstand unmöglich und von Natur aus abstoßend. Unter Serienmördern ist Kannibalismus dagegen gar nicht so selten; im 19. und 20. Jahrhundert kam es zu vielen dokumentierten Fällen.

WAS GENAU IST KANNIBALISMUS?

Kannibalismus bezeichnet das Verspeisen von Artgenossen, insbesondere verstehen wir darunter den Verzehr von Menschenfleisch. Unter Serienmördern kann sich Kannibalismus auch zu anderen Formen des Verzehrs auswachsen, wie das Trinken von Blut oder – wie in einem Fall, zu dem wir später noch kommen werden – das Zermahlen von Knochen, die später als Mehl verwendet werden.

Kannibalismus hat eine lange Tradition, die buchstäblich Millionen von Jahre zurückreicht. Anthropologische Forschungen zeigen, dass Neanderthaler und Homo Sapiens sich häufig von Menschenfleisch ernährt haben. Als in den folgenden Jahrhunderten vermehrt gejagt und Tierfleisch verzehrt wurde, gab es auch immer weniger Kannibalismus.

In einigen Teilen der Welt, vor allem bei indigenen Stämmen, gab es allerdings noch vom 15. Jahrhundert bis weit in die 1960er-Jahre hinein einen zumeist rituellen Kannibalismus. Mancherorts glaubte man zudem, der Verzehr von Menschenfleisch habe heilende Wirkung. Einige kannibalistische Serienmörder hatten ähnliche Vorstellungen.

WELCHE MOTIVE STECKEN HINTER KANNIBALISMUS?

Es gibt nicht den einen Grund, aus dem Serienmörder ihre Opfer verspeisen, allerdings lässt sich bei vielen ein wiederkehrendes Schema erkennen: Einsamkeit.

Viele kannibalistische Serienmörder sind Einzelgänger. Jeffrey Dahmer, Albert Fish, Ed Gein und Dennis Nilsen – vier der bekanntesten kannibalistischen Serienmörder – litten allesamt unter furchtbarer Einsamkeit und verbrachten den Großteil ihrer Zeit unfreiwillig alleine in ihren vier Wänden. All diese Mörder sehnten sich in irgendeiner Form nach Gesellschaft, ob von einem Sexualpartner, wie Dahmer und Nilsen, oder von einem Freund, wie Gein.

Nach ihrer Verhaftung berichteten viele kannibalistische Mörder vom Wunsch, ihre Opfer stets bei sich zu haben. Der Wunsch nach Gemeinschaft war bei diesen Männern offenbar derart stark ausgeprägt, dass sie diese eigentlich metaphorische Aussage wörtlichen nahmen und die Körperteile ihrer Opfer verzehrten. Kannibalen verleiht das ein Gefühl von Kontrolle über das Leben der Opfer, die sie nun nie mehr verlassen können.

Es mag noch andere Motive geben, jeder Kannibale hat seine eigenen Gründe dafür, menschliches Fleisch zu verzehren. Einige tun es vielleicht aus dem Reiz, etwas Verbotenes zu tun. Andere, weil sie einmal probieren wollen, wie Menschenfleisch schmeckt. Und wieder andere tun es als postmortales Machtspiel oder aus einem sexuellen Zwang heraus.

WIE SCHMECKT MENSCHENFLEISCH?

Laut jenen, die schon welches probiert haben (darunter mehrere kannibalistische Serienmörder), schmeckt Menschenfleisch wie Schwein. Obwohl es sich dabei um rotes Fleisch handelt und es auch die Textur von Rindfleisch besitzt, gaben viele an, es schmecke wie eine salzigere, bittere Schweinefleischvariante.

Der Schriftsteller und Abenteurer William Seabrook aß während einer Reise nach Südafrika Menschenfleisch und schrieb dazu:

> *»Es schmeckte wie gutes Fleisch vom kräftigen Kalb, das nicht mehr ganz jung, aber auch noch nicht zum Rind ausgewachsen ist. Ganz sicher, so hat es geschmeckt! Ganz anders als alles Fleisch, was ich zuvor gegessen hatte … Es war mildes, gutes Fleisch ohne einen klar herausstechenden, charakteristischen Geschmack, so wie ihn Ziege, Wild oder Schwein besitzen.«*

Armin Meiwes, der »Kannibale von Rotenburg«, sagte: »Das Fleisch schmeckt ähnlich wie Schweinefleisch, etwas herber, kräftiger. Es schmeckt recht gut.«

IST ES ILLEGAL, EINEN ANDEREN MENSCHEN ZU ESSEN?

In den USA ist es genau wie in Deutschland erstaunlicherweise nicht verboten, Menschenfleisch zu essen. Die einzige Ausnahme bildet Idaho, wo Kannibalen, auch wenn sie nicht getötet haben, zu bis zu 14 Jahren Gefängnis verurteilt werden können. Trotz dieser seltsam liberalen Gesetzeslage ist es allerding kaum möglich, ungestraft Menschen zu essen. Denn das Stören der Totenruhe ist in jedem US-Bundesstaat – wie auch in Deutschland – verboten, ebenso der Besitz von menschlichen Leichenteilen. Kannibalismus liegt damit in einem juristischen Graubereich, denn auch wenn der Verzehr von Menschenfleisch an sich vielerorts erlaubt ist, bekäme jeder Kannibale schon wegen des Besitzes und Zerteilens der Leichenstücke eine Menge juristischer Probleme.

WAS WAR DAS BESONDERE AM FALL DES »KANNIBALEN VON ROTENBURG«?

Fälle von Kannibalismus gibt es zuhauf. Der des »Kannibalen von Rotenburg« Armin Meiwes ist aber der wohl absonderlichste. Meiwes war ein einsamer Mensch, der schon als Kind erste kannibalistische Fantasien entwickelt hatte und von einem jüngeren Bruder träumte, den er »stets bei sich haben« könnte, indem er ihn »verzehrt«. Zwischen acht und zwölf wurden diese Fantasien immer stärker und zusätzlich stimuliert durch seine Vorliebe für Horrorfilme und das Beobachten seiner Mutter beim Schlachten von Schweinen auf dem eigenen Hof.

1999 – Meiwes war inzwischen erwachsen – schaltete er eine Anzeige auf einer Website namens »Cannibal Café«, ein Forum, in dem sich Kannibalismus-Fetischisten trafen und über ihre Lust am Verzehr von Menschenfleisch austauschten. In der Anzeige schrieb Meiwes, er suche einen jungen, gut gebauten Mann zum Töten, Schlachten und Essen.

Verrückterweise meldete sich auf die Annonce eine Vielzahl Interessierter. Nachdem Meiwes alle Zuschriften durchgegangen war, entschied er sich schließlich für einen Mann namens Bernd Brandes, einen 43-jährigen Diplom-Ingenieur aus Berlin. Im März 2001 reiste Brandes nach Rotenburg an der Fulda, um Meiwes in dessen 24 Zimmer großen Haus, einem ehemaligen Gutshof, zu besuchen und dort willentlich zur Mahlzeit eines völlig Fremden zu werden.

Und genau das geschah dann auch. Meiwes tötete Brandes, zerteilte seinen Körper, fror die einzelnen Stücke ein und verspeiste sie über die folgenden Monate hinweg. Gefasst wurde Meiwes nur, weil er im »Cannibal Café« mit seiner Tat prahlte und ein besorgter User daraufhin die Behörden alarmierte.

SCHON GEWUSST?

- Der Fall Armin Meiwes stellt eine der wenigen einvernehmlichen Tötungen dar, bei der das Opfer willentlich den eigenen Tod fordert.
- Meiwes dokumentierte den gesamten Vorgang auf einem neunstündigen Video. Das Material wurde während der Ver-

handlung im Gerichtssaal abgespielt, einer der Schöffen fiel dabei in Ohnmacht.

- Meiwes aß nicht nur das Fleisch seines Opfers, sondern zermahlte auch dessen Knochen zu Pulver, um es als Mehl für seine morbiden Rezepte zu verwenden.
- Meiwes wurde am zuständigen Landgericht Kassel zunächst nur zu achteinhalb Jahren Freiheitsstrafe wegen Totschlags verurteilt. Der Bundesgerichtshof nahm das Urteil 2005 allerdings zurück und verurteilte Meiwes zu lebenslanger Haft wegen Mordes und Störung der Totenruhe.
- Armin Meiwes' Haus, in dem die Tat stattfand, wurde zwischenzeitlich zur Pilgerstädte für morbide Grusel-Touristen. [Anmerkung des Verlags: Im April 2023 brannte das Gebäude jedoch nieder, wohl aufgrund von Brandstiftung.]

WELCHER KANNIBALE AUS JAPAN WURDE REGELRECHT ZU EINEM STAR?

Auch wenn Japan als exzentrischer Ort bekannt ist, ist der Fall von Issei Sagawa selbst für das Land der aufgehenden Sonne eigentlich zu verrückt, um wahr zu sein.

Sagawa war ein untersetzter, femininer Mann, der sich für seine Erscheinung verachtete. Er hasste seine zierlichen Hände, die hohe Mädchenstimme und seine nur 1,40 Meter große Statur. Mit der Zeit entwickelte sich aus diesem Selbsthass eine regelrechte Besessenheit insbesondere von weiblicher Schönheit, die er als eine Art Energiequelle betrachtete, welche er gern besessen hätte. Als er 1973 an der Wako Universität in Tokio zu studieren begann, hatte er bereits eine Reihe verstörender Neigungen entwickelt, darunter bestialische und kannibalistische Triebe, die zu seiner Besessenheit von Schönheit hinzukamen. An der Uni machte Sagawa auch die ersten Schritte hin zu dem Monster, als das er später berühmt wurde.

Im Anschluss zog er für ein Studium an der Sorbonne nach Paris um und entwickelte dort eine Obsession für seine niederländische Kommilitonin Renée Hartevelt.

Eines Abends lockte er Hartevelt alleine in seine Wohnung, schoss ihr in den Kopf und verspeiste Teile ihrer Leiche. An den verstümmelten Überresten verging er sich sexuell. Obwohl Sagawa die Tat offensichtlich vorsätzlich begangen hatte, landete er in Frankreich nur in einer psychiatrischen Anstalt, wohl weil die Behörden ihn für unzurechnungsfähig hielten. Wenig später wurde er nach Japan abgeschoben, wo man ihn nach 15 Monaten in einer psychiatrischen Einrichtung wieder freilassen musste: Die japanischen Gutachter hielten ihn für schuldfähig, doch die Anklage gegen ihn war in Frankreich bereits fallengelassen worden und man konnte ihn nicht zweimal für dasselbe Verbrechen anklagen.

Das wirklich Absonderliche am Fall Sagawa trug sich allerdings erst nach seiner Entlassung aus der Anstalt zu: Der Kannibale wurde in seiner Heimat Japan nämlich zu einer kleinen Berühmtheit und nutzte sein Verbrechen, um sich einen regelrechten Kultstatus zu erarbeiten. Er schilderte die Tat detailliert in Büchern, gab Interviews in TV-Shows und spielte sogar in einigen Erwachsenenfilmen mit. Zudem wurde er mehrmals als Gast in Kochsendungen eingeladen – angesichts seines kannibalistischen Verbrechens doch ziemlich makaber.

WELCHER KANNIBALE IST FÜR DIE MEISTEN OPFER VERANTWORTLICH?

Während im Westen Jeffrey Dahmer als der Kannibale mit den meisten Opfern gilt – 17 Menschen hat er auf dem Gewissen –, übertrifft ein russischer Serienmörder alles, was die Welt je an Kannibalismus erlebt hat.

Der als »Bestie von Rostow« bekannte Andrei Tschikatilo wurde für 52 Morde verurteilt, viele davon waren begleitet von Kannibalismus. Tschikatilo wuchs im kriegsgeplagten Russland der 1930er- und 1940er-Jahre auf. Als Kind hatte seine Mutter ihm immer wieder davon erzählt, wie sein älterer Bruder entführt und von hungernden Nachbarn gegessen wurde. Dieser Vorfall brannte sich in Tschikatilos Hirn ein und wirkte bis in dessen Erwachsenenalter nach.

Tschikatilo hatte es auf eine große Bandbreite an Opfern abgesehen, darunter kleine Jungen, Mädchen und Frauen mittleren Alters. Er lockte sie unter anderem mit der Aussicht auf Drogen oder Alkohol an abgelegene Orte, wo er sie fesselte und erstach.

Anschließend verstümmelte er die Leichen, indem er ihnen etwa die Augen ausdrückte, sie ausweidete, kastrierte und ihnen Zungen und Nasen abschnitt, von denen er viele später verzehrte. Oft stellte er sich dabei vor, seine Opfer seien Kriegsgefangene und er wegen ihrer Hinrichtungen ein Held.

Vor Gericht wurde Tschikatilo in einen eisernen Käfig gesperrt, um ihn vor den Angehörigen seiner Opfer zu schützen. Den gesamten Prozess über fiel er durch verstörendes Verhalten auf. So entblößte er sich, erging sich in hasserfüllten Tiraden und behauptete, er sei schwanger. Mitten im Schlussplädoyer des Gerichts begann er zu singen. Tschikatilo wurde zum Tod durch Erschießen verurteilt. Seine letzten Worte vor der Hinrichtung waren: »Pustet mir nicht das Hirn raus, das wollen die Japaner kaufen.«

WELCHER KANNIBALE HATTE BEI SEINER VERHAFTUNG 29 NADELN IM BECKEN STECKEN?

Albert Fish war nicht nur ein kannibalistischer Serienmörder, sondern ein hochgradig gestörter, sadomasochistischer Perverser, der einige der abscheulichsten Verbrechen aller Zeiten beging – selbst nach heutigen Standards.

Als Kind wurde Fish von seinen Eltern und Betreuern immer wieder körperlich misshandelt. Statt sich dagegen zu wehren, begann er irgendwann, den Schmerz zu genießen. Als Jugendlicher machte Fish dann erste Erfahrungen mit perversen Sexualpraktiken, indem er etwa Urin trank, Kot aß oder anderen, kleineren Jungen Schmerzen zufügte.

Als Erwachsener begann Fish, sich nach den Schmerzen und Qualen zu sehen, die er als Kind erfahren hatte, weshalb er sich zunehmend selbst verletzte. So verwendete er beispielsweise ein mit Nägeln beschlagenes Paddel, um sich damit zu schlagen, oder führte sich Baumwollkugeln in den After ein, die er anschließend anzündete. Gleichzeitig entwickelte Fish ein Faible für Kannibalismus und verspeiste oft rohes Tierfleisch, um seine Triebe zu befriedigen.

1928 entführte Fish ein junges Mädchen namens Grace Budd und brachte die Kleine in ein abgelegenes Haus, wo er sie tötete und zerstückelte. Das Verschwinden von Grace blieb sechs Jahre lang ein Rätsel, bis ihre Familie einen anonymen Brief erhielt, in dem detailliert geschildert wurde, wie das Kind starb.

Die Polizei konnte den Brief zu Fish zurückverfolgen, der daraufhin prompt verhaftet wurde. In Polizeigewahrsam gestand er eine Reihe grauenvoller Taten und wurde schließlich für drei Kindsmorde verurteilt (obwohl er selbst behauptete, über 100 Opfer getötet zu haben). Bei einer Untersuchung im Gefängnis wurde festgestellt, dass Fish sich Nadeln in sein Becken gesteckt hatte, die er nicht mehr herausbekam. Er wurde zum Tod auf dem elektrischen Stuhl verurteilt.

WELCHER SERIENMÖRDER AUS BALTIMORE VERARBEITETE SEINE OPFER ZU BURGERN?

Joe Metheny war mit einer Größe von 1,86 Meter und einem stattlichen Gewicht von 204 Kilo ein echter Berg von einem Mann und mit seinem riesigen Bauch und dem geschorenen Kopf eine wahrhaft eindrucksvolle Gestalt. Als seine Frau ihn 1994 verließ, widmete er sein Leben einzig dem Ziel, sie zu finden – und zu töten.

Weil ihm das nicht gelang, richtete er seine Wut irgendwann einfach gegen andere Opfer, die als Ersatz für seine verhasste Ex herhalten mussten. Eines Nachts fand Metheny sich selbst unter einer Brücke wieder, wo seine Ex-Frau früher Drogen gekauft hatte. Dort begegnete er zwei Obdachlosen, von denen er glaubte, sie würden sie kennen. Als die Männer dies bestritten, erschlug Metheny sie mit einer Axt und warf ihre Leichen in den Fluss.

Ein Jahr saß er dafür ein, wurde aus Mangel an Beweisen aber schließlich entlassen und mordete anschließend munter weiter. Metheny tötete zwei Sexarbeiterinnen, war dieses Mal aber kreativer bei der Entsorgung der Leichen. Er nahm die leblosen Körper mit nach Hause, wo er sie zu Hackfleisch verarbeitete, mit Rinder- und Schweinehack mischte und zu Burger-Patties verarbeitete, die er anschließend an einem Grillstand vor seinem Haus verkaufte.

Als Metheny das »Spezialfleisch« ausging, machte er sich auf die Suche nach einer weiteren Prostituierten. Das Opfer konnte jedoch entkommen und meldete ihn bei der Polizei. Bei seiner

Verhaftung berichtete Metheny den Beamten stolz von seinem »Menschenburger-Imbiss«.

WELCHER SERIENMÖRDER ZWANG ENTFÜHRTE FRAUEN, DAS FLEISCH ANDERER ZU ESSEN?

Gary Heidnik war ein kannibalistischer Serienmörder aus Philadelphia, Pennsylvania, der Frauen entführte und in seinen Keller einsperrte, wo er sie vergewaltigte und folterte. In einem Fall zwang er die Frauen, eine der anderen zu essen.

Die meisten Menschen kannten Heidnik damals nur als »Bischof Heidnik«, Kopf der »United Church of the Ministers of God«, einer christlichen Sekte, die dieser Wahnsinnige in den 1970er-Jahren selbst gegründet hatte. Deren Anhänger kamen regelmäßig in Heidniks Haus zusammen, um über theologische Themen zu diskutieren, nichtsahnend, dass sich im Keller nur wenige Meter unter ihnen lebende und tote Frauen befanden.

Heidnik hatte es auf Sexarbeiterinnen abgesehen, die er unter dem Vorwand, ihre Dienste in Anspruch nehmen zu wollen, in sein Haus lockte, wo er sie fesselte und in sein »Loch« warf. Dort hielt er zwischen drei und fünf Frauen gleichzeitig gefangen und konnte eine sogar dazu überreden, seine Komplizin zu werden. Hielt eine der Frauen sich nicht an seine Regeln, bestrafte er sie, indem er ihnen den Mund mit Isolierband abklebte oder einen Schraubendreher ins Ohr stieß.

Als eine der Gefangenen starb, zerrte Heidnik ihre Leiche hinauf ins Erdgeschoss, wo er sie zerteilte und kochte. Die gekochten Stücke vermischte er mit Hundefutter und zwang die anderen Frauen, das Gemisch zu essen.

Erst als seine Komplizin entkommen und die Polizei verständigen konnte, wurde Heidnik gefasst. Als die Ermittler dessen Horror-Haus durchsuchten, konnten sie kaum fassen, welche Akte krankhafter Brutalität sich dort zugetragen hatten. Heidnik wurde zum Tode verurteilt und als letzter Gefangener in der Geschichte des US-Bundesstaats Pennsylvania hingerichtet.

SCHON GEWUSST?

- Gary Heidnik war einer der realen Serienmörder, die als Vorlage für die Figur des Buffalo Bill aus dem Film *Das Schweigen der Lämmer* dienten. (Mehr dazu im Kapitel *Serienmörder in der Popkultur.*)
- Heidniks Hauptziel war es, sich einen Harem aus Sexsklavinnen zu schaffen.
- Mindestens ein Mitglied aus Heidniks Sekte half ihm beim Foltern seiner Gefangenen.
- Heidnik rammte seinen Opfern Schraubendreher in die Ohren, damit sie ihr Gehör verloren und so nicht mehr hören konnten, wenn er in den Keller hinunterkam.
- Bevor er zum Mörder wurde, zeugte Heidnik zwei Kinder

mit zwei verschiedenen Frauen. Beide Frauen sagten später aus, dass Heidnik sie über längere Zeit eingesperrt habe.

WER WAR DER »ARMBRUST-KANNIBALE«?

Stephen Griffiths war ein äußerst seltsamer Kerl aus dem englischen Bradford. Griffiths war geradezu besessen von Serienmördern und bezeichnete die Mörder Ian Brady und Peter Sutcliffe als seine Idole. Er besaß zwei Eidechsen, die er regelmäßig an der Leine spazieren führte. Einige Frauen, die sich auf ein Date mit ihm getroffen hatten, berichteten später, Boden und Möbel seiner Wohnung seien komplett mit Plastikfolie bedeckt gewesen. Schon als Schuljunge hatte Griffiths angegeben, später einmal Serienmörder werden zu wollen.

Und tatsächlich tötete er zwischen 2009 und 2010 drei Frauen mit einer Armbrust und verspeiste anschließend ihre Leichen.

Griffiths erfüllte schon von klein auf alle Eigenschaften eines Serienmörders. Als Jugendlicher wurde er als schizoider Psychopath diagnostiziert und musste ins Gefängnis, nachdem er einem Ladenbesitzer das Gesicht massakriert hatte. Laut Freunden von ihm fütterte er seine Echsen zum Spaß mit lebenden Tieren. Einer behauptete sogar, Griffiths habe selbst einmal eine lebende Ratte verspeist. 2007 eröffnete Griffiths unter dem Alias »Ven Pariah« eine Seite im damals populären sozialen Netzwerk MySpace, die er seiner Liebe zu Serienmördern widmete.

2009 genügte es ihm nicht mehr, seine Idole anzuhimmeln, also lockte er eine Prostituierte in seine Wohnung und tötete sie mit einem Schuss aus seiner Armbrust. Dasselbe tat er noch mit zwei weiteren Sexarbeiterinnen. Nach den Morden zerstückelte er ihre Leichen. Einige Teile kochte und aß er, andere verspeiste er roh.

Eine Sicherheitskamera im Hausflur des Wohnkomplexes, in dem Griffiths lebte, hatte aufgezeichnet, wie er eines der Opfer in seine Wohnung zerrte. Als die Polizei ihn bei der Verhaftung nach seinem Namen fragte, entgegnete er: »Der Armbrust-Kannibale«. Psychologen beschrieben Griffiths später als ruhmeshungrigen Narzissten, der die Frauen nur getötet habe, um zu zweifelhafter Berühmtheit zu gelangen.

WER WAR DER KANNIBALISTISCHE »REGENMANTELMÖRDER«?

Yoo Young-chul war der tödlichste Serienmörder Südkoreas und hat in weniger als einem Jahr 20 Menschen umgebracht. In einigen Fällen verspeiste er die Leber seiner Opfer.

Über Young-chuls Vergangenheit ist nicht viel bekannt. Alles bis zum Beginn seiner Mordserie im September 2003 liegt bis heute im Verborgenen. Zunächst brach Young-chul im Gochang County – der Gegend, in der er lebte – in die Wohnungen von Senioren ein und erschlug sie mit einem Hammer. Später wendete er sich Prostituierten zu, die er in Massagesalons in seiner Heimatstadt ansprach, mit in seine Wohnung nahm, dort überwältigte und tötete. Mit einer Schere schnitt er anschließend Teile der Leichen in Stücke und aß die Leber von einigen Opfern, um seinen »Geist zu reinigen«. Anschließend entsorgte er die Überreste nahe des Bongwon-Tempels.

Mit der Zeit wurde Young-chul immer umtriebiger und tötete bald zwei Frauen pro Monat. Interessanterweise war es nicht die Polizei, die ihm irgendwann das Handwerk legte, sondern die Angestellten eines Massagesalons, in dem er seine Opfer ansprach. Zuvor hatte Young-chul törichterweise das Handy eines seiner Opfer benutzt, um in besagtem Massagesalon anzurufen, und die Besitzerin konnte die Nummer einem ihrer vermissten Mädchen zuordnen. Sie verständigte daraufhin die Polizei, die den Mörder schließlich verhaftete.

Weil Young-chul bei seiner Verhaftung einen hellgelben Regenmantel trug, verpassten ihm die Medien kurzerhand den Namen »Regenmantelmörder«. Sein Motiv war der Hass auf Frauen und Reiche. Inspirieren ließ er sich bei seinen Taten vom südkoreanischen Serienmörder Jeong Du-yeong. Im Fernsehen erklärte er: »Frauen sollten keine Schlampen sein und die Reichen sollen wissen, was sie getan haben.«

GELTEN KANNIBALEN VOR GERICHT ALS UNZURECHNUNGSFÄHIG?

Nein. Serienmörder – ob sie nun Kannibalen sind oder nicht – werden vor Gericht nur äußerst selten für unzurechnungsfähig befunden. Zwar sind Kannibalen mit hoher Wahrscheinlichkeit psychisch krank, doch unzurechnungsfähig im juristischen Sinne ist der Großteil von ihnen nicht.

Die meisten Kannibalen sind sich ihrer Handlungen nämlich durchaus bewusst und viele betreiben einen großen Aufwand, um Beweise zu beseitigen und ihre Spuren zu verwischen. Einige Kannibalen, wie Joe Metheny, verzehrten ihre Opfer sogar aus genau diesem Grund. Wenn keine Überreste der Opfer mehr existieren, können die Ermittler auch keine finden. Viele Kannibalen sind hochgradig organisierte Täter, die den Unterschied zwischen Recht und Unrecht sehr wohl kennen.

WELCHER ASIATISCHE KANNIBALE ASS DIE ASCHE SEINES GROSSVATERS?

Tsutomu Miyazaki (der bereits im Kapitel *Motive* erwähnt wurde) ist vermutlich der einzige Kannibale der Geschichte, der einen ganzen Menschen auf einmal verspeist hat. Bevor er seine Mordserie begann, verzehrte der Japaner nämlich die Asche seines Großvaters.

Miyazaki hatte ein sehr inniges Verhältnis zu seinem Opa, als der noch am Leben war. Die Asche aß er, um ihm auch nach dessen Tod immer so nah wie möglich zu sein. Psychologen, die Miyazaki später untersuchten, glauben, dass ihn dies wahnsinnig werden ließ, da der Verzehr menschlicher Asche das Gehirn nachhaltig schädigen kann.

Menschliche Asche enthält nämlich ein giftiges Formaldehyd, mit dem der Körper vor der Einäscherung konserviert wird. Über Formaldehyd ist bekannt, dass es Psychosen verursachen kann.

WELCHER KANNIBALE GESTAND ÜBER 100 MORDE, UNTER ANDEREM AM SOHN EINES PROMINENTEN?

Der Serienmörder Ottis Toole behauptete, gemeinsam mit seinem Partner Henry Lee Lucas zwischen 1976 und 1984 über 100 Menschen getötet zu haben.

Toole und Lucas lernten sich 1976 in einer Suppenküche in Jacksonville kennen und gingen eine Liebesbeziehung ein. Das Paar pendelte zwischen den Staaten Michigan, Florida und Texas und verursachte Chaos, wo immer es auftauchte. Beide litten an einer Vielzahl psychischer Erkrankungen, Toole etwa an einer dissozialen Persönlichkeitsstörung und Pyromanie.

Als das Duo sich kennenlernte, hatte Lucas bereits einen Menschen auf dem Gewissen – seine eigene Mutter. Gemeinsam begingen sie mindestens sechs weitere Morde, nach denen Toole mutmaßlich die Überreste einiger Opfer verspeiste. Als das mörderische Pärchen 1983 verhaftet wurde, gestand es laut den zuständigen Texas Rangern eine unrealistische Zahl von 1000 Morden.

Da sowohl Toole als auch Lucas debil und ungebildet waren, war der Polizei sofort klar, dass die beiden Morde gestanden, die sie gar nicht begangen hatten. Allerdings nutzten die Ranger die Geständnisse des Duos zum Entsetzen vieler aufgebrachter Beobachter, um eine Reihe ungelöster Mordfälle »aufzuklären«.

Das Paar gestand unter anderem den Mord am sechsjährigen Adam Walsh, dem Sohn von TV-Moderator John Walsh, der aus *Americas Most Wanted* bekannt war, einer Serie über Amerikas meistgesuchte Verbrecher. Toole behauptete, sie hätten den Jungen auf dem Parkplatz eines Einkaufszentrums aufgegabelt und seien mit ihm raus aufs Land gefahren, wo sie ihn enthaupteten. Obwohl viele die Glaubwürdigkeit dieser Aussage anzweifelten, wurde Ottis Toole der Mord an Adam Walsh 2008 tatsächlich offiziell zugschrieben.

SCHON GEWUSST?

- Der andere Hauptverdächtige im Mordfall Adam Walsh war der berüchtigte Serienmörder Jeffrey Dahmer.
- Lucas und Toole behaupteten, auf Befehl einer Sekte namens »Die Hände des Todes« gemordet zu haben.

- Ottis Toole heiratete 1976 eine Frau, blieb aber in einer Beziehung mit Henry Lee Lucas.
- Um all die Morde zu begehen, die Lucas und Toole gestanden haben, hätten sie einen Monat lang jeden Tag knapp 600 Kilometer zurücklegen müssen.
- Tool behauptete, seinen ersten Mord schon mit 14 begangen zu haben.

WELCHER FRÜHERE KANNIBALE LEBT INZWISCHEN VOM VERKAUF SEINER KUNST?

Nicolas Claux, der »Vampir von Paris«, ist ein französischer Mörder, Kannibale, Nekrophiler, Grabräuber und selbsternannter Satansanbeter. Psychologen beschrieben den Franzosen als »nahezu psychotischen Sadisten«. Claux wurde verurteilt, im Jahr 1994 einen Mann ermordet zu haben, und kam dafür 1997 ins Gefängnis, wurde allerdings schon 2002 wieder entlassen. Bis heute ist Claux ein freier Mann und in bestimmten Kreisen eine Art Berühmtheit, etwa bei besessenen Okkultisten und Sammlern morbider Memorabilia (Claux zählt sich zu beidem).

Aufgrund seiner sadistischen Neigungen bewarb Claux sich im Bestattungsgewerbe. 1993 bekam er einen Job als Pathologieassistent im Saint-Joseph-Krankenhaus in Paris, wo er mehr als genug Möglichkeiten hatte, seinen Leichenfetisch auszuleben. Zu seinen Aufgaben gehörte das Nähen, Waschen und Präparieren von Leichen für deren Beerdigung. Doch sobald er allein mit den Toten war, trieb Claux seine scheußlichen Perversionen auf die Spitze und wurde vollends zum Kannibalen. Er schnitt Teile aus dem Fleisch der Leichen heraus, nahm sie mit heim und verspeiste sie dort.

Im Oktober 1994 organisierte Claux ein Treffen mit einem Mann, den er in einem Chatroom für Homosexuelle kennengelernt hatte. Bei dem Treffen schoss Claux den Mann mit einer Pistole vom Kaliber .22 in den Hinterkopf. Die Ermittler kamen ihm schnell auf die Spur. Bei der Durchsuchung seiner Wohnung fanden sie okkulte Devotionalien, niedergeschriebene Schilderungen von Zerstückelungen, eine riesige Sammlung von Hardcore-SM-Filmen und – was besonders alarmierend war – Blutkonserven im Kühlschrank. Der Fall erinnerte an fiktive Serienmörder aus einem Thriller, nur dass Claux absolut real ist. Aufgrund juristischer Details saß Claux trotzdem nur fünf Jahre im Gefängnis und lebt seit 2002 als freier Mann.

Heute ist der Vampir von Paris Künstler, Redner und Medienpersönlichkeit. Was zunächst klingt, als würde der Mann inzwischen ein anständiges Leben führen, entpuppt sich bei näherem Hinsehen als das Gegenteil: Alle Aktivitäten Claux' drehen sich um True Crime, Horror und Okkultismus. So verkauft er auf seiner Website Malereien, die Morde, Verstümmelungen, Kannibalismus oder die Gesichter berühmter Serienmörder darstellen.

SCHATTEN AUF DER JAGD: SERIENMÖRDER AUF FREIEM FUSS

Beim Begriff Serienmörder denken wir an berühmte Namen und Gesichter aus der Kriminalgeschichte, die wir seit Jahren aus dem Fernsehen oder aus Zeitschriften kennen. Die besorgniserregende Wahrheit ist allerdings, dass Typen wie Ted Bundy oder Jeffrey Dahmer nur einen winzigen Bruchteil aller Serienmörder ausmachen. Sie wurden gefasst, weil sie Fehler gemacht haben oder es mit kompetenten Ermittlern zu tun hatten, die ihnen irgendwann das Handwerk legen konnten. Viele andere bleiben jedoch jahre- oder gar jahrzehntelang unentdeckt. Einige werden nie für ihre Taten zur Rechenschaft gezogen.

GIBT ES DERZEIT AKTIVE SERIENMÖRDER?

Ja. Statistisch ist es sehr wahrscheinlich, dass just in diesem Moment gleich mehrere aktive Serienmörder in den Vereinigten Staaten und im Rest der Welt ihr Unwesen treiben. Das FBI glaubt, dass in den USA zu jedem beliebigen Zeitpunkt zwischen 25 und 50 Serienmörder auf freiem Fuß sind.

Ob die Polizei oder die Öffentlichkeit je etwas von diesen Serienmördern bemerken, ist eine andere Frage. Viele Morde werden häufig nicht publik gemacht, sodass genaue Details dazu nur den Ermittlern bekannt sind. Aber: In den vergangenen zehn Jahren gab es eine Reihe von Ermittlungen in Serienmordfällen, die bis heute andauern. Daraus lässt sich schließen, dass die Täter nicht gefasst, sondern noch immer auf der Jagd nach ihrem nächsten Opfer sind.

Der wohl berühmteste, womöglich noch aktive Serienmörder ist der »Long Island Serial Killer«, der für den Tod von mindestens zehn Opfern zwischen 1996 und 2010 verantwortlich sein soll. Der unbekannte Täter entsorgte die Leichen seiner Opfer in einem Waldgebiet nahe Gilgo Beach auf Long Island und ist Gegenstand vieler Spekulationen, seit seine Verbrechen 2010 aufgedeckt wurden. [Anmerkung des Verlags: Kurz vor Erscheinen der deutschen Ausgabe dieses Buchs wurde aufgrund von DNA-Beweisen ein Verdächtiger verhaftet.]

BLEIBEN MEHR SERIENMÖRDER UNENTDECKT ALS GEFASST WERDEN?

Es ist äußerst schwer zu sagen, wie viele Serienmörder aktuell tatsächlich auf freiem Fuß und aktiv sind. Zwar gibt es definitiv mehr ungelöste Mordfälle als gelöste, es ist allerdings schwer zu sagen, wie viele dieser Morde Serientätern zuzuordnen sind, weil die Opferzahlen von Serienmördern starken Schwankungen unterliegen.

Seit 1970 gab es zum Beispiel in den USA circa 670 bekannte Fälle von Serienmord. Im selben Zeitraum wurden dort 220 000 bis heute ungeklärte Morde verübt. Ein Teil davon geht sicherlich auf die Konten von Serienmördern, wie viele genau ist jedoch unmöglich zu beziffern.

WELCHER MÖRDER AHMTE IN DEN 1960ER-JAHREN IN LONDON »JACK THE RIPPER« NACH?

80 Jahre nachdem »Jack the Ripper« London in Atem gehalten hatte, tauchte dort plötzlich ein neuer, noch dreisterer Ripper auf. Die Reinkarnation des berühmten Serienmörders wurde »Jack the Stripper« getauft, weil er seine Opfer nach dem Tod nackt auszog (englisch: »to strip«). Wie sein Vorbild, hatte auch der neue Ripper es auf junge Sexarbeiterinnen im Londoner Stadtteil Bayswater abgesehen. Er tötete mindestens sechs Frauen – eine mehr als der historische Ripper.

Bei der auch als »Hammersmith Nude Murders« (etwa: »Nackten-Mordserie von Hammersmith«) bekannten Mordserie wurden zwischen 1964 und 1965 entlang der Themse die nackten Leichen von sechs Prostituierten gefunden. Doch nicht nur Stadt, Name und Modus Operandi beider Täter schienen sich zu gleichen, es wurden auch beide Ripper nie gefasst – trotz einer Vielzahl Verdächtiger in beiden Fällen und zwei der größten Fahndungen der britischen Kriminalgeschichte.

WELCHER »METZGER« TERRORISIERTE IN DEN 1930ER-JAHREN DIE OBDACHLOSEN IN OHIO?

Der auch als »Torso-Mörder« bekannte »Mad Butcher« (»Wahnsinnige Metzger«) war ein nie identifizierter Serienmörder, der in den 1930er-Jahren die Stadt Cleveland in Ohio heimsuchte und für den Tod von mindestens zwölf Menschen verantwortlich war, die enthauptet, in vielen Fällen verstümmelt und auf barbarische Weise entsorgt wurden.

Im Gegensatz zu den meisten Serienmördern schien der Mad Butcher nicht zur sexuellen Bedürfnisbefriedigung zu töten. Über den Täter ist kaum etwas bekannt, außer dass er vermutlich schlicht aus einem unstillbaren Verlangen nach Gewalt heraus mordete. Seine Opfer waren ausschließlich Obdachlose, die er, gleich welchen Alters oder Geschlechts, köpfte und zerstückelte.

Das Aussehen der Opfer war dem Täter offensichtlich egal. Er tötete um des Tötens willen.

Die Behörden glaubten, Mad Butcher sei möglicherweise ein Arzt, weil die Verstümmelungen und Enthauptungen mit einer geradezu chirurgischen Präzision durchgeführt wurden. Es muss außerdem ein großer, starker Mann gewesen sein, der seine Opfer über lange Strecken hinweg schleppen konnte. Viele Leichen wurden nämlich in abgelegenen Waldgebieten gefunden, in die kein Fahrzeug vordringen konnte.

Interessanterweise haben die Morde des Mad Butcher möglicherweise gar nicht in Cleveland begonnen und aufgehört. Einige Experten glauben, dass er sich in einem anderen Bundesstaat niedergelassen haben könnte, nachdem er auf seinem Weg durch Ohio eine Spur aus Leichen hinterlassen hat. Als die Morde in Cleveland aufhörten, erhielt die Polizei einen Brief, der angeblich vom Täter stammte. Darin stand:

> *»Ihr könnt jetzt Pause machen, da ich mich über den Winter ins sonnige Kalifornien verabschiedet habe. Ich hatte ein schlechtes Gewissen, all die Leute operiert zu haben, aber die Wissenschaft darf nicht stehenbleiben. Schon bald werde ich die medizinische Fachwelt verblüffen – ein Mann, der lediglich einen Abschluss als Chiropraktiker besitzt. Und was ist deren Leben wert im Vergleich zu Hunderten kranken und leidgeplagten Menschen? Sie sind nur Laborratten von der Straße, die niemand vermisst hat, wenn mir etwas misslungen ist. Mein letz-*

ter Fall war ein Erfolg. Ich kenne nun das Gefühl, das Pasteur, Thoreau und andere Pioniere der Wissenschaft gehabt haben müssen. Ich habe nun einen Freiwilligen, der meine Theorie vollständig belegen wird. Sie nennen mich verrückt und einen Metzger, doch die Wahrheit wird ans Licht kommen.«

WELCHER SERIENMÖRDER TREIBT MÖGLICHERWEISE GERADE IN NEW YORK SEIN UNWESEN?

Ein unter vielen Namen – wie »Long Island Serial Killer«, »Gilgo Beach Killer« und »Craigslist Ripper« – bekannter, jedoch nie identifizierter Mörder, soll in einem Zeitraum von 20 Jahren bis zu 16 Menschen getötet und ihre Leichen in den Sümpfen um das Örtchen Gilgo Beach in Long Island, New York, entsorgt haben.

Die letzten Leichen, die von Ermittlern dem Long Island Serial Killer (kurz LISK) zugeordnet wurden, sind 2011 aufgetaucht. Insgesamt wurden zehn Leichen gefunden, die alle ein und derselbe Täter getötet haben soll. Der Fall ist immer wieder in den Medien, sobald neue Spuren oder Hinweise auftauchen. Auch zum Zeitpunkt der Entstehung dieses Buchs (September 2022) erwacht das Interesse am LISK erneut, da ein neuer Polizeipräsident in New York versprochen hat, den Fall ein für alle Mal aufklären zu wollen – bislang erfolglos. [Anmerkung des Verlags: Kurz vor Erscheinen der deutschen Ausgabe wurde aufgrund von DNA-Beweisen ein Verdächtiger verhaftet.]

SCHON GEWUSST?

- Die Polizei von Suffolk County behauptet, 2011 am Telefon mit dem LISK gesprochen zu haben.
- Das erste Opfer des LISK wurde gefunden, als Ermittler in einem anderen Mordfall ein anderes Opfer gesucht hatten.
- Eine Theorie der Ermittler lautet, dass der LISK selbst Teil der Strafverfolgungsbehörden und – beunruhigenderweise – vielleicht sogar Teil der laufenden Ermittlungen ist.
- 2020 präsentierte die Polizei von Suffolk County das erste Beweisstück in dem Fall, einen Ledergürtel mit den eingravierten Initialen HM oder WH.
- Der LISK verhöhnte die Familien der Opfer am Telefon und verwendete dazu die Handys der Toten.

WELCHER UNIDENTIFIZIERTE SERIENMÖRDER BEREITETE SEINEN OPFERN EIN NASSES GRAB IM MISSISSIPPI?

Zum Handwerkszeug eines Serienmörders gehören üblicherweise Messer, Pistolen, Seile und die bloßen Hände. Nur selten töten Mörder auf andere Art und Weise, vermutlich aus Bequemlichkeit oder aufgrund des einfachen Zugangs zu diesen Tatwaffen – es sei denn, das »Ritual« des Täters erfordert eine besondere Tötungsweise (siehe dazu den Abschnitt *Ritual- und*

Signature-Verhalten im ersten Kapitel). Auch wenn Erstechen, Erschießen und Erwürgen die mit Abstand häufigsten Mordmethoden sind, greifen Serienmörder jedoch ab und an zu außergewöhnlichen Mitteln oder Strategien, um ihre Opfer zu erledigen. So wie vielleicht bei den mysteriösen »La-Crosse-Ertränkungen«.

Seit 1997 wurden in einem bestimmten Abschnitt des Mississippi River bei La Crosse, US-Bundesstaat Wisconsin, mehrere Menschen ertrunken aufgefunden. Manche Behörden glauben, dass es sich dabei lediglich um tragische Unfälle gehandelt hat, ausgelöst durch Trunkenheit oder einen Streich, der nach hinten losging. Andere Ermittler sind dagegen überzeugt, dass dies das Werk eines Serienmörders war.

WELCHER UNGEWÖHNLICHE SERIENMÖRDER VERKAUFTE BUCHSTÄBLICH DEN TOD IN DOSEN?

Unter Serienmördern stellen wir uns vermummte Gestalten vor, die in dunklen Seitengassen Frauen überfallen. Oder wir denken an Einbrecher, die nichtsahnende Menschen in ihren Betten verstümmeln. Wir haben Bilder von schießwütigen Psychopathen vor Augen oder von Tätern in schwarzen Handschuhen, die mit bloßen Händen den Tod bringen.

All diese imaginierten Serienmörder haben eines gemein: Sie müssen anwesend sein, um zu morden. Was aber, wenn Serienmörder in der Lage wären, aus vielen Kilometern Entfernung zu töten? Etwa, indem sie anderen eine Falle stellen und längst verschwunden sind, wenn eine arme Seele hineintappt.

Einen solchen Fall gab es 1985 in Japan. Ein mysteriöser Täter versetzte dort Limonadenflaschen mit einer tödlichen Chemikalie. Zwölf Menschen starben innerhalb von sieben Monaten in acht verschiedenen Präfekturen. Die Getränkeautomaten, in denen die Limos mit dem tödlichen Cocktail steckten, waren über das gesamte Land verstreut. Mit dieser wirklich einzigartigen Mordmethode hat der bis heute unbekannte Täter seinen Opfern buchstäblich den Tod in Dosen verkauft.

WELCHER UNGELÖSTE FALL BESCHÄFTIGT FINNLAND BIS HEUTE?

Der Bodominjärvi ist ein großer See in der Nähe von Espoo, eine Stadt etwa 32 Kilometer von Helsinki entfernt. Der Ort ist ein wunderschönes Kleinod finnischer Landschaft, das durch ein furchtbares Verbrechen besudelt wurde.

Am 5. Juni 1960 war eine Gruppe Jugendlicher am Ufer des inzwischen berüchtigten Sees zelten. In den frühen Morgenstunden wurden drei der Freunde in einem entsetzlichen Akt der Brutalität und Mordlust getötet, während sie in ihren Zelten schliefen. In den darauffolgenden Jahren kam es zu einigen befremdlichen Vorfällen im Zusammenhang mit diesem Verbrechen, doch derjenige, der für das scheinbar willkürliche Massaker verantwortlich war, wurde nie gefasst.

Bis heute sind die Morde vom Bodominjärvi eines der größten Mysterien Finnlands. Der Fall wurde in ganz Skandinavien diskutiert und ist einer der meistuntersuchten Cold Cases in der Geschichte des Landes. Im Rest der Welt hat man von den Morden kaum etwas mitbekommen, in der finnischen Kultur hinterließen sie jedoch eine tiefe Narbe.

Der Fall sorgte deshalb für großes Aufsehen, weil so viele Fragen bis heute unbeantwortet geblieben sind. Erstens konnte die Tatwaffe, mit der die drei Jugendlichen getötet wurden, weder bestimmt noch gefunden werden.

Anfangs glaubten Ermittler, es habe sich dabei um eine Sense gehandelt. Prompt traten Experten für Paranormales auf den Plan, die vermuteten, der Sensenmann persönlich hätte die Kinder geholt.

Diese abstruse Theorie wurde von der Zeugenaussage des einzigen Überlebenden noch untermauert, der behauptete, den »rot leuchtenden und in Schwarz gekleideten« Mörder gesehen zu haben, nur wenige Augenblicke bevor dieser die Gruppe attackiert hatte.

Der Mörder hinterließ keine Spuren und trotz Geständnissen mehrerer Verdächtiger wurde der wahre Schuldige bis heute nicht ermittelt.

WAS IST DER »HORRORWALD VON SOKA«?

2014 wagten sich ein paar Einwohner von Ibadan in Nigeria tief in den dortigen Wald und entdeckten dabei eine alptraumhafte Szenerie, die anmutete wie aus einem brutalen Hardcore-Horrorfilm.

In einer Gegend mit maroden Gebäuden fanden sie ein Haus voller verwesender Leichen, einen riesigen Haufen menschlicher Knochen und Schädel und noch lebende Menschen, die auf Schlachtbänke gefesselt waren. Zu ihren Füßen lagen unzählige persönliche Gegenstände der Verstorbenen verteilt, darunter Pässe, Kleidung, Schmuck und Kinderspielzeug, was darauf schließen ließ, dass sich dort sogar noch viel schlimmere Dinge ereignet haben mussten, als auf den ersten Blick zu vermuten war.

Die Polizei wurde informiert und dann begann die Gerüchteküche zu brodeln. Fand an diesem Ort ein Todeskult mit rituellen Menschenopfern statt? War dies der Unterschlupf eines Serienmörders, der die Abgeschiedenheit dieses Waldes für seine schrecklichen Verbrechen nutzte? Oder war es vielleicht sogar eine Art Menschenfarm, wo den Gefangenen Körperteile und Organe entnommen wurden, um sie an den Höchstbietenden zu verkaufen?

Die Polizei machte in ihren Ermittlungen zu diesem Fall kaum Fortschritte, trotz der Vielzahl an Leichen und Beweismitteln, die am Tatort gefunden wurden. Als die Öffentlichkeit von der Folterkammer erfuhr, waren Schock und Wut groß. Anwohner forderten von den Behörden Antworten auf die Frage, wie solche Gräueltaten möglich waren, ohne dass die Polizei darauf aufmerksam wurde. Schon bald verliehen die aufgebrachten Bürger ihrem Ersuchen bei der Polizei mit Macheten, Pistolen und verschiedenen Gegenständen Nachdruck.

Was genau in diesem Horrorwald geschah – und warum er überhaupt existierte –, bleibt bis heute ein Rätsel. Ermittler sind überzeugt, dass Kannibalismus, Ritualmorde oder okkulte Praktiken irgendetwas damit zu tun haben müssen. Bislang konnte die Wahrheit allerdings noch nicht ans Tageslicht gebracht werden.

WELCHER BERÜHMTE HIGHWAY-KILLER WURDE NIE GEFASST?

Es handelt sich dabei um den ersten Serienmörder aus Washington D. C. Zwischen 1971 und 1972 entführte ein unbekannter Täter in der Hauptstadt der USA sechs junge Mädchen, vergewaltigte und tötete sie. In fünf dieser Fälle behielt er die Schuhe der Opfer als Trophäe, keiner davon wurde je gefunden. Und in einem Fall hinterließ er einen Brief in der Tasche des Opfers, in dem er den Ermittlern höhnisch versprach, jede seiner Taten zu gestehen, sollten sie ihn je schnappen. Darin gab er sich selbst den inzwischen berüchtigten Spitznamen »The Freeway Phantom« (»Das Phantom der Schnellstraße«).

Die Opfer des Freeway Phantoms waren durchweg Mädchen im Teenageralter zwischen 10 und 18 Jahren, die er auf offener Straße entführte. Die meisten Leichen wiesen beim Fund Spuren sexueller Gewalt auf.

Einem der Opfer, Brenda Crockett, gelang es, nach ihrer Entführung daheim anzurufen. Sie schrie in den Hörer, ein weißer Mann habe sie mitgenommen. Dann legte sie auf und rief einige Minuten später erneut an. Dieses Mal befand sich der Mann mit im Raum. Als der Partner von Crocketts Mutter darum bat, mit ihm zu sprechen, war die Leitung plötzlich tot. Das Mädchen wurde am darauffolgenden Morgen tot gefunden. Das Phantom konnte trotz großem Aufwand der Ermittler nie gefasst werden.

Unter den Verdächtigen war auch die »Green Vega«, eine Gang aus Washington, die für mehrere Entführungen und Vergewaltigungen in der Stadt verantwortlich war. Ein Mitglied von Green Vega gab der Polizei Informationen, die ein anderes Gangmitglied belasteten. Als die Ermittler diese Informationen öffentlich machten, zog er seine Aussage jedoch zurück und die Spur verlief im Sand. Trotz sechs Opfern sowie mehreren Spuren und Aussagen von Zeugen, die behaupteten, den mysteriösen Täter gesehen zu haben, blieb der Killer seinem Namen treu – ein Phantom.

WER WAR DER »COLONIAL PARKWAY KILLER«?

Zwischen 1986 und 1989 suchte ein Serienmörder den Colonial Parkway heim, eine bekannte Hauptverkehrsstraße in Virginia. Dort fand er seine Opfer und entsorgte später auch deren Leichen.

Dabei imitierte der Täter die Morde des berühmten »Zodiac Killers«, der im vorangegangenen Jahrzehnt in Kalifornien Liebespaare an abgelegenen Orten überfallen hatte. Der bis heute nicht identifizierte »Colonial Parkway Killer« hatte es ebenfalls auf Paare in abseits geparkten Autos abgesehen, erschoss die Opfer und fuhr die Fahrzeuge seltsamerweise anschließend vom Tatort weg an noch abgelegenere Orte.

Sechs Menschen hat der Colonial Parkway Killer auf dem Gewissen, zwei weitere sind vermisst und gelten ebenfalls als tot. Laut Ermittlungsbehörden wurden in den mehr als 30 Jahren seit den Morden über 130 Verdächtige verhört, dennoch ist der Fall bis heute nicht aufgeklärt.

WER WAR DER UNHEIMLICHE »IRRE MIT DEN TOTEN AUGEN«?

Der auch als »Danilovsky Maniac« (»Danilowski-Irre«) bekannte geheimnisvolle Mörder war zwischen 2004 und 2007 verantwortlich für den Tod von mindestens sieben Frauen im russischen

Oblast Wologda. Drei davon tötete er in der Danilowski-Straße, daher sein alternativer Spitzname. Er strangulierte seine Opfer mit selbstgebauten Garotten und verwischte gekonnt seine Spuren, weshalb er trotz der großen Zahl seiner Opfer nie gefasst wurde. Die Taten des sadistischen Mörders versetzten die Anwohner der Stadt in einen Zustand ständiger Angst, was dazu führte, dass die Behörden eine stattliche Belohnung für Hinweise zur Ergreifung des Täters aussetzten.

Wegen seiner besonderen »Visitenkarte« brachte es der »Irre mit den toten Augen« auch außerhalb Russlands zu größerer Bekanntheit. Er hinterließ an Tatorten nämlich krude pornografische Zeichnungen. Zudem entsorgte er alle Leichen in verlassenen Gebäuden oder auf Baustellen in der Stadt Tscherepowez. Alle Opfer waren Frauen zwischen 17 und 31 Jahren und alle wurden vor ihrer Ermordung vergewaltigt.

Noch gruseliger als seine Visitenkarte ist die Tatsache, dass der Irre Berichten zufolge alle Opfer am helllichten Tag auf einer belebten Straße entführt hat. Das zeigt, wie abgebrüht, rücksichtlos und geübt der Mörder vorging. Zwischen Entführung und Entsorgung der Leichen brachte der Täter seine Opfer an einen privaten Ort, wo er sie vergewaltigte und erwürgte. Wie in einem Horrorfilm aus Hollywood fand die Polizei die Leichen dann irgendwann in einem verlassenen Gebäude irgendwo in der Stadt.

Selbst nach intensivsten Ermittlungen und 1200 verhörten Verdächtigen wurde der Täter nie gefasst. Der Fall ist bis heute ein Cold Case.

WELCHER MYSTERIÖSE MÖRDER ERPRESSTE JAPANS LEBENSMITTELINDUSTRIE?

In den Jahren 1984 und 1985 erpresste ein mysteriöser Täter oder eine Tätergruppe namens »Das Monster mit den 21 Gesichtern« mehrere japanische Lebensmittel- und Getränkehersteller.

Lebensmittelproduzent Glico, der eine Reihe beliebter Snacks, wie die Gebäckstangen »Pocky and Pretz«, herstellt, war das Hauptziel der Erpressungen. Im März 1984 entführten zwei Männer in Skimasken den Präsidenten von Glico, einen Mann namens Katsuhisa Ezaki, aus seiner Wohnung und brachten ihn in ein leeres Lagerhaus in Ibaraki, Osaka.

Dort ließen ihn die Entführer zurück, doch nach drei Tagen Gefangenschaft konnte Ezaki glücklicherweise aus eigener Kraft entkommen. Nach seiner Flucht erhielten Glico und die Polizei Erpresserbriefe vom Monster mit den 21 Gesichtern, in denen umgerechnet 11 Millionen Dollar gefordert wurden.

Später erhielt auch ein weiterer großer Backwarenhersteller namens Morinaga ähnliche Briefe. Die Polizei untersuchte die Drohungen und ließ schließlich zahlreiche Produkte der beiden Firmen in Tokio und dem Westen Japans aus den Regalen nehmen. Dabei fanden sie mehr als ein Dutzend Packungen der Morinaga-Produkte »Angel Pie« und »Choco Balls«, die mit einer tödlichen Dosis Chemikalien vergiftet worden waren.

Die Erpressungen dauerten bis zum August 1985 an, als das Monster mit einem letzten Brief offiziell abdankte. Der für die

Ermittlungen verantwortliche Polizeipräsident der Präfektur Shiga beging noch im selben Monat Selbstmord. Dass er den oder die Erpresser nicht schnappen konnte, hatte bei ihm zu schlimmen Depressionen geführt; er verbrannte sich bei lebendigem Leib. Im letzten Brief des Monsters stand:

> *»Lasst böse Buben wie uns nicht mit so etwas davonkommen. Es gibt viele Dummköpfe da draußen, die uns kopieren wollen. Der erfolglose Yamamoto* [der Polizeipräsident] *ist gestorben wie ein Mann. Deshalb haben wir beschlossen, unser Beileid zu bekunden. Und wir haben auch beschlossen, keine Lebensmittelhersteller mehr zu quälen. Sollte künftig jemand irgendeinen Lebensmittelproduzenten erpressen wollen, dann sind das nicht wir, sondern jemand, der uns kopiert. Wir sind die Bösen. Das heißt, wir haben Besseres zu tun, als irgendwelche Firmen zu ärgern. Es macht Spaß, zu leben wie ein Schurke.«*

WELCHER TODESENGEL AUS DER GESCHICHTE WURDE AUCH JAHRZEHNTE, NACHDEM SEINE VERBRECHEN BEKANNT WURDEN, NICHT GESCHNAPPT?

Josef Mengele ist der wohl berüchtigtste Todesengel der Geschichte. Der Nazi-Arzt führte menschenverachtende Experimente an buchstäblich tausenden KZ-Häftlingen durch, um die wahnhafte Rassenideologie der Nationalsozialisten zu belegen und eine arische Rasse zu züchten. Mengele war geradezu besessen von der Zwillingsforschung.

Zudem leitete er den »Selektionsprozess« im Konzentrationslager von Auschwitz. Wenn Züge mit neuen Häftlingen ankamen, entschied Mengele darüber, wer leben durfte und wer in die Gaskammern geschickt wurde. Zwillingspärchen behielt er ohne Diskussion und behandelte sie im Vergleich zu anderen Lagerhäftlingen verhältnismäßig fürsorglich. Die Zwillinge wurden gewogen, gemessen und auf jede denkbare Weise miteinander verglichen. Man nahm ihnen ständig Blut ab und befragte sie eingehend zu ihren Familiengeschichten. So entkamen die Zwillinge zwar zunächst der Gaskammer, doch ereilte sie letztlich ein ebenso grausames Schicksal.

Mengele fügte den Zwillingen im Rahmen seiner Experimente extreme, geradezu unfassbare Qualen zu, indem er sie kastrierte, ihnen verschiedene Chemikalien injizierte, ihnen Meerwasser zu trinken gab, sie in Eisbäder setzte, ihnen Bleiche in die Augen spritzte und zahllose weitere unmenschliche Handlungen an ihnen vollzog. Nachdem der Zweite Weltkrieg 1945 endete, floh er aus Auschwitz und wurde nie wieder gesehen.

Mengele verbrachte den Rest seines Lebens auf der Flucht vor den Nazi-Jägern des Mossads. Neonazi-Gruppierungen gewährten ihm Schutz in Südamerika. Im Mai 1985 durchsuchte die deutsche Polizei die Wohnung eines Mannes namens Hans Sedlmeier, ein Freund und Vertrauter Mengeles. Die Ermittler hatten einen Hinweis zur Bekanntschaft zwischen Mengele und Sedlmeier erhalten. In der Wohnung fand man Briefe der beiden, sodass die Fahnder kurz darauf ermitteln konnten, wo genau Mengele damals in Brasilien lebte.

Nach gründlichen Ermittlungen fanden die Polizisten heraus, dass Mengele 1979 offenbar bei einem Badeunfall ertrunken war. Sein Tod wurde geheim gehalten, um jene, die Mengele nach seiner Flucht aus Deutschland behilflich gewesen waren, zu schützen. Die Ermittler fanden allerdings das Grab, in dem Mengele unter dem Namen Wolfgang Gerhard begraben wurde – seit 1971 hatte er diesen Alias verwendet. Die Leiche wurde exhumiert und forensische Untersuchungen bestätigten, dass die Gebeine in dem Grab tatsächlich Mengele gehörten.

VERBORGENE ABGRÜNDE: UNBEKANNTE SERIENMÖRDER

Viele faszinierende Serienmordfälle sind weiten Teilen der Öffentlichkeit nie bekannt geworden. Auf jeden »Jack the Ripper« kommen weltweit hunderte ähnliche Fälle, die aus verschiedensten Gründen kein vergleichbares Interesse ausgelöst haben. Besitzt ein Fall nicht dasselbe morbide »gewisse Etwas« wie die Fälle von Ted Bundy oder Jeffrey Dahmer, endet er oft nur als Fußnote in den True-Crime-Annalen. Natürlich sind diese weniger bekannten Fälle deshalb aber keineswegs weniger tragisch.

WELCHER KAUM BEKANNTE SERIENMÖRDER WAR ZUR SELBEN ZEIT UND IN DERSELBEN GEGEND AKTIV WIE JEFFREY DAHMER?

Walter Ellis, der sogenannte »North Milwaukee Strangler« (»Nord-Milwaukee-Würger«), vergewaltigte und tötete zwischen 1986 und 2007 sieben afroamerikanische Frauen in Milwaukee, im US-Bundesstaat Wisconsin. Ellis' Mordserie begann im Oktober 1986, als er eine Frau namens Deborah Harris erwürgte und ihre Leiche in einen See warf. Schon am darauffolgenden Tag schlug Ellis erneut zu. Auch sein zweites Opfer erwürgte er, die Leiche entsorgte er anschließend in einer Seitengasse.

Seltsamerweise tötete Ellis danach neun Jahre lang nicht – für einen Serienmörder ein äußerst ungewöhnliches Verhalten. Zwischen April und August 1994 tötete er dann drei weitere Frauen und versteckte ihre Leichen in verlassen Gebäuden an verschiedenen Orten der Stadt. Anschließend verschwand Ellis für weitere unglaubliche 13 Jahre, bevor er wieder zuschlug. Wieder erwürgte er eine Frau und verbarg ihre Leiche in einem leerstehenden Gebäude.

Mithilfe von DNA-Spuren konnte Ellis dieses Mal schnell als Täter ermittelt werden. Dabei kam ans Licht, dass Ellis zwischen 1981 und 1989 für andere Verbrechen mehrmals inhaftiert war, was die langen Pausen zwischen seinen Morden erklärt.

Ellis plädierte in seiner Verhandlung auf nicht schuldig, allerdings war die Beweislast gegen ihn erdrückend und er wurde zu sieben lebenslangen Haftstrafen verurteilt. Interessanterweise trieb Ellis zur selben Zeit und in derselben Stadt sein Unwesen wie Jeffrey Dahmer. Wisconsin ist einer von drei US-Bundesstaaten, in denen mehrere Serienmörder zur selben Zeit aktiv waren. (Die anderen beiden sind Kalifornien und New York.)

WELCHER MÖRDER AUS MICHIGAN TÖTETE SEINE MUTTER UND DREI EHEFRAUEN?

Über die Verbrechen von Lowell Amos ist nicht viel bekannt, außer dass er zwischen 1979 und 1994 drei Frauen getötet hat, die ihm allesamt sehr nahestanden.

Amos stand unter Verdacht, seine Mutter und drei Ehefrauen umgebracht zu haben, um jeweils Geld durch Erbe und Lebensversicherungen zu kassieren. Verurteilt wurde er letztlich für den Mord an seiner dritten Ehefrau, der er eine tödliche Dosis Kokain injiziert hatte. Amos musste lebenslang in Haft, ohne die Chance auf Bewährung. Er verbrachte 18 Jahre im Gefängnis, bis er am 5. Januar 2022 starb – an seinem 79. Geburtstag.

WAS MACHT DAS »MONSTER AUS DEN ANDEN« SO EINZIGARTIG?

Pedro Lopez, auch bekannt als das »Monster aus den Anden«, ist ein ziemlich einzigartiger Serienmörder. Denn wir kennen seinen Namen, wir wissen, wie er aussieht und dass er ein skrupelloser Serienmörder ist. Was wir allerdings nicht wissen, ist, wo er sich aufhält.

Lopez wurde 1948 in ein elendes Leben hineingeboren. Von seiner Mutter, einer Prostituierten, wurde er regelmäßig misshandelt und mit nur acht Jahren aus dem Haus geworfen. Er schlug sich als Taschendieb und Kleinkrimineller durch und landete im Alter von 18 Jahren im Knast. Hinter Gittern beging Lopez auch seinen ersten Mord und tötete einen Mithäftling, der ihn vergewaltigt hatte.

Als er wieder auf die Straßen der kolumbianischen Hauptstadt Bogotá entlassen wurde, konnte er seine rasende Wut nicht länger bändigen. Er zog nach Peru um und begann dort, junge Mädchen im Alter zwischen neun und zwölf Jahren zu töten. Dann reiste er durch Südamerika und tötete überall, wo er hinkam, weitere Mädchen. 1979 wurde Lopez endlich geschnappt, nachdem er angeblich »jahrelang drei Mädchen pro Woche« umgebracht hatte. Wie es schien, entsprach diese Behauptung der Wahrheit. Lopez führte die Ermittler zu einem Massengrab in Ecuador, in dem sich die sterblichen Überreste von 53 jungen Mädchen befanden.

Lopez kam daraufhin erneut ins Gefängnis. Die Behörden glaubten, er könnte bis zu 300 Menschen auf dem Gewissen haben. Allerdings betrug die damalige Höchststrafe in Ecuador lediglich 20 Jahre und so kam Lopez 1999 wieder auf freien Fuß – seitdem wurde er nie mehr gesehen.

FÜR WELCHEN SERIENMÖRDER WAR DAS TÖTEN VON MENSCHEN EIN SPORT?

Robert Hansen war ein Serienmörder aus Alaska, der Frauen entführte und absichtlich wieder freiließ, um sie zu jagen.

Hansen war ein geübter Schütze, leidenschaftlicher Jäger und ein ehemaliges Mitglied der US-Heeresreserve. Er war ein relativ wohlhabender Mann und erstand 1982 eine Piper PA-18 Super Cub, ein einmotoriges Flugzeug, das er später für seine mörderischen Spiele einsetzte. Zwischen 1973 und 1982 entführte und vergewaltigte er mindestens 30 Frauen und ließ sie anschließend frei. Nachdem er das Flugzeug gekauft hatte, ging er noch teuflischer vor.

Im darauffolgenden Jahr entführte Hansen Sexarbeiterinnen und brachte sie mit dem Flugzeug in eine abgelegene Hütte. Dort vergewaltigte und folterte er sie und entließ sie danach in die Wildnis Alaskas, wo er sie mit seinem Jagdgewehr verfolgte und jagte wie Tiere.

Nachdem er seine Opfer getötet hatte, nahm Hansen ihren Schmuck als Trophäe mit und vergrub die Leichen im Wald. Die Grabstellen markierte er auf einer Karte. Als die Polizei Hansen endlich verhaftete, half diese Karte, 17 Opfer zu finden. Hansen wurde wegen 17-fachen Mordes zu lebenslanger Haft verurteilt.

WER IST DER OFFIZIELL EINZIGE SERIENMÖRDER FINNLANDS?

Michael Penttilä hält einen traurigen Rekord in der Welt des Verbrechens. Er ist der einzige Mensch in Finnland, der die FBI-Kriterien für einen Serienmörder erfüllt.

Penttiläs Verbrecherkarriere begann 1981, als er gerade 16 Jahre alt war. Er entführte eine Teenagerin aus seinem Ort und hielt sie in seinem Keller gefangen, wo er sie misshandelte und folterte. Glücklicherweise gelang dem Mädchen die Flucht. Daraufhin suchte sich Penttilä ein neues Opfer: seine eigene Mutter, die er im August 1985 in der gemeinsamen Wohnung in der Stadt Oulu erwürgte.

Ein Jahr später lockte Penttilä zwei zwölfjährige Mädchen unter dem Vorwand, ihnen Alkohol zu geben, in seine Wohnung. Dort sperrte er eines der Mädchen in sein Badezimmer, während er das andere erwürgte. Das Mädchen im Bad konnte, wie schon Penttiläs erstes Opfer, entkommen.

Penttilä wurde für die Morde zwar verhaftet, aufgrund des laxen Justizsystems in Finnland aber nach nur sieben Jahren entlassen. Ein Jahr später tötete er erneut, dieses Mal eine ältere Frau, die er erwürgt hat, nachdem er in ihre Wohnung eingebrochen war.

Daraufhin wurde Penttilä ein weiteres Mal inhaftiert. Im Gefängnis heiratete er eine ebenfalls wegen Mordes verurteilte Mitinsassin; 2008 kam er wieder auf freien Fuß. Doch Penttilä hatte seine Lektion noch immer nicht gelernt. In den darauffolgenden

Jahren attackierte er mehrere Menschen, bis er 2018 schließlich noch einmal tötete und eine Prostituierte erwürgte. Inzwischen sitzt er zum dritten Mal im Gefängnis und gilt als einer der berüchtigtsten Verbrecher Finnlands. Seit 2009 bezeichnet sich Penttilä selbst als lesbische Transperson.

WELCHER JAPANER LOCKTE SEINE OPFER ÜBER TWITTER MIT DER AUSSICHT AUF GEMEINSAMEN SELBSTMORD AN?

Takahiro Shiraishi, der sogenannte »Japan Twitter Killer«, vergewaltigte, ermordete und zerstückelte zwischen August und Oktober 2017 neun Menschen in Japan. Die meisten seiner Opfer kontaktierte er per Twitter, wo er bewusst nach Menschen mit Selbstmordgedanken suchte und behauptete, mit ihnen gemeinsam Selbstmord begehen zu wollen. Dabei handelte es sich jedoch bloß um eine List.

Shiraishi lockte die Opfer in seine Wohnung, wo er sie vergewaltigte und erwürgte. Anschließend zerteilte er die Leichen in seinem Bad. Die einzelnen Teile verstaute er entweder in der Tiefkühltruhe oder bedeckte sie mit Katzenstreu und warf sie in den Mülleimer.

Insgesamt tötete der Twitter Killer neun Menschen zwischen 15 und 26 Jahren, acht Frauen und einen Mann. Der Mann war der feste Freund von Shiraishis erstem Opfer, der ihn kontaktiert hatte, um herauszufinden, was mit seiner vermissten Freundin geschehen war. Shiraishi lockte den Mann daraufhin in seine Wohnung und ermordete auch ihn.

Nachdem Shiraishi sein letztes Opfer getötet hatte, durchsuchte der Bruder der ermordeten Frau deren Twitter-Account und stieß auf einen verdächtigen Nutzer, den er der Polizei meldete. Dies führte die Ermittler im Oktober 2017 schließlich zu Shiraishi, nachdem er gemeinsam mit dem Opfer auf einer Überwachungskamera gesichtet wurde.

Die Polizei stellte Shiraishi in seiner Wohnung und befragte ihn zu den vermissten Frauen. Er war sofort geständig. Im Haus entdeckten die Ermittler Teile der neun zerstückelten Leichen, darunter abgetrennte Köpfe, Beine und Arme in Kühltruhen und Aufbewahrungsboxen.

Die Nachbarn sagten später aus, dass immer wieder der faulige Gestank von verrottendem Fleisch aus dem Haus gekommen sei. Im Oktober 2020 bekannte sich Shiraishi der neun Morde schuldig und wurde im Dezember 2020 zum Tode verurteilt.

WER IST DER »PUSHER« AUS MANCHESTER?

Der »Pusher« (»Schubser«) ist ein äußerst mysteriöser Serienmörder, der vielleicht gar nicht existiert. Seit 2006 ertranken im englischen Manchester alarmierend viele Menschen in einem Kanal im Partyviertel Gay Village. Für mehr als 80 Männer wurde jener Fluss zum Grab – eine überproportional hohe Zahl, verglichen mit anderen Gewässern in ähnlich großen Städten.

Einige Beobachter glauben, ein opportunistischer Serienmörder stoße betrunkene Männer in den Kanal, in der Hoffnung, sie seien zu desorientiert, um alleine wieder herauszukommen. Gay Village ist für sein pulsierendes Nachtleben bekannt und alle vermeintlichen Opfer teilen die Gemeinsamkeit, dass sie junge Männer waren. Dennoch ist die Polizei von Manchester der Ansicht, den »Pusher« gebe es nicht und bei den Todesfällen der Ertrunkenen handele es sich um selbstverschuldete Unfälle.

Lediglich ein einziger Gegenbeweis spricht für die Existenz des »Pushers« und dieser stammt von einem anonymen Mann namens Tom. Er behauptet, selbst eines der Opfer des Serienmörders gewesen zu sein. Tom sagte aus, eines Abends am Kanalufer entlanggeradelt zu sein, als eine vermummte Person ihn vom Rad und ins Wasser gestoßen habe. Der mysteriöse Angreifer habe dann auf seine Hände getreten, als er versuchte, aus dem Wasser zu klettern. Tom hat den Angriff überlebt, das Rätsel um den »Pusher« ist aber bis heute nicht gelöst.

WELCHER KANADISCHE SERIENMÖRDER WURDE ALS »SCHNAPS-FRISEUR« BEKANNT?

Gilbert Paul Jordan, auch bekannt als der »Boozing Barber« (»Schnaps-Frisör«), hatte einen der ungewöhnlichsten Modi

Operandi aller Serienmörder: Er verführte Frauen in Bars, nahm sie mit in seinen Friseursalon und schüttete ihnen dort so lange Alkohol in den Rachen, bis sie starben.

Jordans Mordserie begann 1965 und dauerte bis 1988 an, und das obwohl er schon früher wegen mehrerer Verbrechen angeklagt war, darunter Vergewaltigung, Entführung, Trunkenheit am Steuer und Fahrzeugdiebstahl.

Jordan verabredete sich mit Frauen oder engagierte Prostituierte und machte sie so betrunken, dass sie das Bewusstsein verloren. Dann flößte er ihnen weiter Alkohol ein, bis sie schließlich daran starben. Viele Jahre lang stellten die Ermittler keine Verbindung zwischen den Toten her, weil sie davon ausgingen, die Frauen seien an einer selbst versursachten Alkoholvergiftung gestorben.

Erst als ein Augenzeuge Jordan mit einer der Toten in Zusammenhang brachte, wurde er zum Verdächtigen. Er wurde nur für den Mord an einer Frau verurteilt, gab aber an, zwischen acht und zehn getötet und es bei insgesamt 200 Frauen versucht zu haben.

WELCHER SERIENMÖRDER TÖTETE SCHON ALS KIND SEINE EIGENE MUTTER?

Charlie Brandt begann seine Serienmörder-Laufbahn bereits im Kindesalter. 1971 erschoss er im US-Bundesstaat Indiana ohne erkennbaren Grund seine schwangere Mutter. Danach richtete er die Waffe gegen seinen Vater und versuchte anschließend, auch seine Schwester zu erschießen, beide überlebten jedoch. Brandt war zu diesem Zeitpunkt gerade einmal 13 Jahre alt.

Der Junge wurde daraufhin mehrere Jahre in Jugendarrest gesteckt, wo Psychologen ratlos herauszufinden versuchten, weshalb ein Teenager seine gesamte Familie auslöschen wollte. 1978 zog Brandt nach Florida und mordete zehn Jahre später erneut. Sein nächstes Opfer war 1989 eine obdachlose Frau mittleren Alters, die er tötete und zu enthaupten versuchte. Er entnahm ihr außerdem das Herz.

2004 war Brandt inzwischen verheiratet. Wegen eines aufziehenden Hurrikans zog das Ehepaar aus dem Süden von Florida vorübergehend zu einer 37-jährigen Nichte nach Orlando. Nachdem die Nichte tagelang nicht ans Telefon ging, sah eine Freundin von ihr schließlich nach dem Rechten und fand im Inneren des Hauses eine Szene wie aus einem Horrorfilm. Brandts Frau lag erstochen im Wohnzimmer, die Nichte im Bad. Bei Letzterer waren der Kopf abgetrennt und das Herz und andere Organe aus dem entsetzlich verstümmelten Körper entnommen worden. Brandt selbst hatte sich in der Garage erhängt.

Im Eigenheim der Brandts fanden die Ermittler einen riesigen Vorrat an extremen Gewaltpornos, in denen Frauen teils vergewaltigt, gefoltert und zerstückelt wurden. Gegen Brandt wurde in 25 weiteren Mordfällen ermittelt, die ihm aber größtenteils nicht zweifelsfrei zugeordnet werden konnten.

WER WAR DER SADISTISCHE »TOY BOX KILLER«?

Kaum ein Serienmörder kann es mit der unvorstellbaren Grausamkeit von David Parker Ray aufnehmen. (Nicht zu verwechseln mit den »Toolbox Killers« aus dem dritten Kapitel.)

Das Ausmaß seiner Verbrechen wird wohl nie vollständig aufgedeckt werden können, die zu dem Fall bekannten Details gehören allerdings zu den verstörendsten der Kriminalgeschichte. Über 40 Jahre lange entführte, folterte und ermordete Ray an die 60 Opfer, die er mithilfe von Peitschen, Sägen, chirurgischen Instrumenten, Klammern, stumpfen Gegenständen, Messern, Sex-Toys, Spritzen und allerlei selbstgebastelten Gerätschaften auf fürchterliche Weise quälte.

Rays kranker Sadismus brachte ihn dazu, fernab der belebten Städte eine behelfsmäßige Folterkammer zu bauen, welche er »Toy Box« (»Spielzeugkiste«) nannte. Es handelte sich dabei um einen schalldichten Wohnwagen, der im verschlafenen Örtchen Elephant Butte im US-Bundesstaat New Mexico stand und einzig dafür konstruiert war, Menschen darin gefangen zu halten. Seine Opfer fesselte er an einen Operationstisch, wo sie durch einen an der Decke angebrachten Spiegel gezwungen waren, ihre eigene Folter mitanzusehen. Wie viele Menschen Ray auf diese Weise getötet hat, ist nicht bekannt. Ermittler schätzen die Anzahl seiner Morde auf 50 bis 60, verurteilt wurde er jedoch nur für drei nachgewiesene Entführungen und die anschließende Folter.

SCHON GEWUSST?

- Neuen Opfern in seiner Folterkammer spielte Ray eine selbst eingesprochene Audioaufnahme vor, in der er sie über ihre bevorstehenden Qualen aufklärte. Die Aufnahme dauerte elf Minuten.
- In Rays »Spielzeugkiste« fanden Ermittler auch eine Ausgabe des Buchs *American Psycho*, das die Morde eines fiktiven New Yorker Investmentbankers beschreibt.
- Die Kosten für Rays eigens angefertigte Folterkammer wurden auf 100 000 Dollar geschätzt.
- Ray wurde erst gefasst, als einem seiner Opfer nach zweitägiger Folter die Flucht gelang.
- Ray wurde zu 224 Jahren Haft verurteilt, starb allerdings an einem Herzinfarkt, bevor er nur einen einzigen Tag davon absaß.

WELCHER FOLTERNDE MÖRDER WURDE ALS »CANDY MAN« BEKANNT?

Dean Corll wird bei Aufzählungen bekannter Serienmörder häufig vergessen, gilt vielen Experten aber als »originaler John Wayne Gacy«. Denn genau wie Gacy entführte, vergewaltigte und folterte er junge Männer.

Zwischen 1970 und 1973 fielen Corll und seinen beiden Komplizen mindestens 28 Jugendliche zum Opfer; die Morde wurden später als »Houston Mass Murders« (»Massenmord von Houston«) bekannt. Corll war der Drahtzieher hinter den Taten, während seine beiden Helfer, Elmer Wayne Henley und David Brooks, dafür zuständig waren, ihm immer neue Opfer zu liefern.

Sobald Corll die jungen Männer in seinen Fängen hatte, fesselte er sie an ein selbstgebautes »Folterbrett«, sodass sie vollkommen wehrlos waren. Anschließend unterzog er sie entwürdigender Folter und anderen Grausamkeiten, die teilweise mehrere Tage lang andauerten. Zum Abschluss vergewaltigte er die Jugendlichen und ermordete sie, indem er sie erschoss oder erwürgte. Mehrere Opfer zwang er, Briefe an ihre Eltern zu verfassen, in denen stand, sie seien von zu Hause fortgelaufen.

In Houston Heights, einer Gegend im Nordwesten der texanischen Großstadt, kannte man Corll als den »Candy Man« (»Süßigkeiten-Mann«), weil seiner Familie dort eine Süßwarenfirma gehörte und er Freunde und Bekannte mit kostenlosen Süßigkeiten versorgte. Corll wurde schließlich von einem seiner Komplizen getötet, der daraufhin die Polizei über die gemeinschaftlich verübten Horrortaten aufklärte.

WELCHER VON DEN NAZIS INSPIRIERTE MÖRDER TÖTETE SEINE OPFER MIT NAGELBOMBEN?

David John Copeland war ein junger, fanatischer Rassist, der als »Nagelbomber von London« bekannt wurde. Schon in jungen Jahren war Copeland geradezu besessen von Sadismus und Grausamkeit. Mit zwölf fantasierte er Berichten zufolge davon, als Nazi-Offizier mit Zugang zu Sprengstoff und medizinischer Ausrüstung wiedergeboren zu werden, weil er Experimente an Menschen durchführen und Frauen als Sklaven halten wollte.

Am 17. April 1999 deponierte Copeland eine Nagelbombe, die er mithilfe von Feuerwerkskörpern gebaut hatte, vor einem Supermarkt in der Electric Avenue, im Londoner Vorort Brixton. Gegen 17 Uhr detonierte die Bombe und verletzte 50 Menschen.

Eine Woche darauf versteckte er eine zweite Bombe in der Hanbury Street. In der Gegend leben überwiegend Asiaten, auf die Copeland es offenbar hauptsächlich abgesehen hatte. Die Bombe detonierte am Nachmittag des 24. April und verletzte 13 Menschen.

Seine letzte Bombe deponierte Copeland in einem Pub in der Old Compton Street, der damals ein beliebter Treffpunkt der Londoner Schwulenszene war. Sie explodierte am Abend des 30. April. Die Detonation in den engen Räumen des Gebäudes verursachte schwerste Verletzungen bei 79 Menschen und tötete drei, darunter eine schwangere Frau.

Copeland wurde schnell als Täter identifiziert. In seiner Wohnung fanden die Ermittler Nazi-Flaggen an den Wänden sowie Zeitungsausschnitte zu Bombenattentaten, darüber hinaus Sprengstoff, eine Armbrust, Jagdmesser und Schusswaffen.

Nach seinen Motiven befragt, gab Copeland an, einen Rassenkrieg auslösen zu wollen. Er hatte sich ausgemalt, durch die Attacken auf Minderheiten eine gewalttätige Gegenreaktion zu provozieren, die »der Funke sein sollte, der das ganze Land in Brand steckt«. Copeland wurde zu sechs lebenslangen Haftstrafen verurteilt.

WELCHEM HISTORISCHEN SERIENMÖRDER WIRD NACHGESAGT, EIN »PRAKTIZIERENDER VAMPIR« GEWESEN ZU SEIN?

Béla Kiss war ein ungarischer Serienmörder, der es auf einsame Singlefrauen abgesehen hatte, die er mit gespielter Zuneigung und Heiratsversprechen um den Finger wickelte. Sobald die Frauen Kiss' Charme verfallen waren, brachte er sie um und konservierte ihre Körper in Fässern, die er in seinem Wohnhaus aufbewahrte. Kiss war verantwortlich für den Tod von insgesamt 23 Frauen und einem Mann.

Er begann seine Mordserie um 1900. Dabei suchte er sich gezielt alleinstehende Frauen aus, die keine nahen Familienangehörigen oder lebenden Verwandten mehr hatten. Den Kontakt stellte er über Zeitungsannoncen her, in denen er sich als Wahrsager ausgab. Die Frauen besuchten Kiss in seinem Haus und wurden anschließend nie mehr gesehen. Er besaß mehrere Metallfässer, die angeblich einen Benzinvorrat enthielten, in denen er tatsächlich aber die Leichen seiner Opfer verwahrte.

Als 1914 der erste Weltkrieg ausbrach, wurde Kiss von der Armee Österreich-Ungarns einberufen. 1916 durchsuchten Soldaten Kiss' Haus, nachdem man ihnen Meldung über einen großen Benzinvorrat gemacht hatte. Statt Treibstoff fanden die schockierten Soldaten in den Fässern aber konservierte Leichen vor. Einige wiesen abnorme Bisswunden am Hals auf, weshalb davon ausgegangen wurde, dass Kiss Vampirismus praktizierte.

Die Soldaten informierten ihre Offiziere über den grausigen Fund. Zu jener Zeit erholte Kiss sich gerade von seinen Kriegsverletzungen in einem Krankenhaus. Als man ihn dort festnehmen wollte, fand man in seinem Bett jedoch den Leichnam eines anderen Mannes; er selbst war verschwunden. In den Wirren des Krieges gelang Kiss die Flucht und niemand hat je herausgefunden, was mit dem ungarischen Vampir geschehen ist.

SCHON GEWUSST?

- Kiss wurde 1920 möglicherweise in der Fremdenlegion gesichtet. Als die Behörden der Spur nachgingen, war der betreffende Mann allerdings verschwunden.
- In den 1930er-Jahren wurde Kiss angeblich erneut gesehen, dieses Mal als Hausmeister in New York. Allerdings war der

Mann wieder verschwunden, als die Polizei erschien, um den Hinweis zu überprüfen.

- In Kiss' Haus fanden die Ermittler eine alarmierende Anzahl Bücher zu den Themen Strangulation und Gift.
- Die Ermittler fanden zudem heraus, dass Kiss über die Zeitungsannoncen Kontakt zu 74 Frauen hatte, von denen viele nie gefunden wurden.

EINMALIG: BIZARRE EINMALTÄTER

Serienmorde machen nur einen winzigen Teil aller Morde weltweit aus. Auf jeden Mehrfachmord eines einzelnen Serientäters kommen mehr als tausend Fälle einzelner Morde. Einige dieser Einmaltäter wären vielleicht zu Serienmördern geworden, wenn die Behörden sie nicht vorher aus dem Verkehr gezogen hätten. Viele Fälle von Einmaltätern sind auf groteske Weise faszinierend, weshalb sie an dieser Stelle Erwähnung finden sollen, auch wenn es sich dabei nicht um Serienmorde handelt.

WELCHER EIFERSÜCHTIGE EX-FREUND TÖTETE SEINE FRÜHERE PARTNERIN UND ASS IHRE ORGANE?

Im September 2014 brach Joseph Oberhansley in die Wohnung seiner Ex-Freundin Tammy Jo Blanton ein und erstach sie. Anschließend entfernte er mit einer Stichsäge Teile ihres Schädels und entnahm ihr einige Organe, um daraus ein Festmahl für Kannibalen zuzubereiten. Oberhansley briet und aß Hirn, Herz und Lunge seiner früheren Lebensgefährtin.

Die Polizei entdeckte die Leiche der Frau mit einer Plane abgedeckt in der Badewanne ihrer Wohnung. In der Küche fand man Knochenfragmente und Körperteile. Oberhansley wurde daraufhin zur Befragung vorgeladen – ein Prozedere, das er schon kannte, denn der Mann war ein polizeibekannter Gewalttäter.

Als Oberhansley Blanton ermordete, war er gerade auf Bewährung, nachdem er 1998 bereits seine Ex-Freundin erschossen hatte. Zudem hatte er bei einer früheren Auseinandersetzung seine Mutter und Schwester erschossen und sich selbst verletzt.

Im Gespräch mit der Polizei gestand Oberhansley den Mord und den Kannibalismus. Seine Anwälte wollten auf Unzurechnungsfähigkeit plädieren, was er selbst jedoch verneinte. Oberhansley behauptete, die Ermittler hätten die eigentliche Mordwaffe nie gefunden und dass er die Tat mit dem kleinen Messer, welches sichergestellt worden war, nie hätte ausführen können. Dass er als psychisch krank dargestellt wurde, fasste er als Beleidung auf.

All dies gab Oberhansley in einer zehnminütigen Wutrede im Rahmen der Vorverhandlung zum Besten. Er wurde 2020 zu lebenslanger Haft verurteilt.

WELCHES JUNGE MÄDCHEN HAT SICH MITSAMT FAHRRAD IN LUFT AUFGELÖST?

Im kleinen Städtchen Townsend, im US-Bundesstaat Massachusetts, fuhr die 13-jährige Deborah Quimby eines Tages mit ihrem Fahrrad los und kehrte nie zurück. Am Nachmittag des 3. Mai 1977 machte Sie sich auf den Weg, ihre acht Kilometer entfernt lebenden Großeltern zu besuchen und hinterließ ihren Eltern eine entsprechende Notiz.

Als die Kleine nicht zurückkam, ging die Polizei zunächst von einer Entführung aus. Bei ihren Ermittlungen stießen die Beamten jedoch auf einige Ungereimtheiten. Im Schulspind des Mädchens fand sich eine Notiz an eine Freundin, in der Deborah darum bat, sich zu treffen, weil sie sehr aufgebracht sei. Als Treffpunkt hatte Deborah das Haus ihrer Großeltern vorgeschlagen.

30 Jahre später, im Jahr 2002, erhielt die Polizei plötzlich einen anonymen Brief. Der Verfasser behauptete, dass Deborahs Leiche und Fahrrad in einem See in der Nähe versenkt worden seien. Das war seltsam, denn der Fall war von den Behörden längst zu den Akten gelegt worden und war seit Jahren nicht

mehr in den Nahrichten. Die Ermittler durchsuchten dennoch den Teich, fanden aber nichts.

Genau ein weiteres Jahr später erhielt die Polizei einen zweiten Brief, in dem die exakte Stelle angegeben wurde, wo im See sie nach der Leiche suchen sollten. Und in der Tat fanden sie dieses Mal verschiedene Kleidungsstücke und verrostete Teile eines Fahrrads. 2010 kam ein dritter Brief an, mit dem Hinweis, nun in einem Waldgebiet zu suchen.

Bis heute wurde Deborah Quimbys Leiche nicht gefunden. Die Theorie der Ermittler lautet, dass sie sich mit jemandem getroffen hat und dieser Jemand sie später entführte. Was wirklich passiert ist, weiß bis heute aber niemand.

SCHON GEWUSST?

- In Townsend haben überproportional viele sonderbare Verbrechen stattgefunden.
- Zwischen Februar und Oktober 1972 wurden dort neun junge Frauen in ihren Wohnungen erstochen. Die Mordserie wurde bis heute nicht aufgeklärt.
- Im Dezember 1986 stalkte ein junger Mann namens Daniel LaPlante eine Familie, indem er ohne ihr Wissen in einem Hohlraum zwischen den Wänden ihres Hauses lebte. Ein Jahr darauf ermordete LaPlante eine andere Familie aus Townsend. (Mehr dazu im Kapitel *Mordende Minderjährige*.)

- LaPlantes Opfer lebten direkt neben einer Frau, die ein Opfer der Mordserie von 1972 war.
- 1996 verabredete sich ein Mann namens Paul Reed mit der Schwester seiner Freundin Stephanie Santerre, mit der er eine Affäre hatte, um seine Freundin umzubringen.
- Deborah Quimby, Dan LaPlante und Paul Reed lebten nicht nur alle in derselben Stadt, sondern sogar in derselben Straße – und der Name dieser Straße lautete: Elm Street (wie in den Horrorfilmen über den Serienmörder Freddy Krueger).

WER WAR DER MORDENDE YOUTUBER NAMENS »MR. ANIME«?

In der Anfangszeit von YouTube war Trey Sesler einer der ersten, die dort Anime-Reviews hochluden. Schnell wurde er so zu einem der beliebtesten YouTuber der damaligen Zeit – als an Influencer noch nicht zu denken war. Fans kannten Sesler als »Mr. Anime«, anderen galt er als normaler Teenager mit einem skurrilen Hobby. Mit der Zeit wurden seine Videos allerdings immer düsterer.

Er sprach nun nicht mehr nur über Animes, sondern lud auch Videos hoch, in denen er Schusswaffen verwendete. Sein Content drehte sich immer weniger um japanische Zeichentrickfilme und immer mehr um Waffen, Gewalt und Schießereien. Schließlich veröffentlichte er ein Video mit dem Titel »Mr. Anime Is

Planning Something« (»Mr. Anime hat etwas vor«), in dem er seinen Fans berichtete, dass er sich eine Auszeit von YouTube nehmen würde.

Am 20. März 2012 lockte Sesler seine Mutter in die Garage ihres Hauses und schoss ihr mit einer Schrotflinte in die Brust. Danach suchte er seinen Bruder, erschoss ihn mit einer Pistole und tat dasselbe mit seinem schlafenden Vater. Anschließend demolierte er das Haus von oben bis unten und schrieb »Ich weiß nicht, warum ich das getan habe« an die Toilettentür.

Seslers nächste Station war die Waller High School. Er fuhr hin, wartete eine Stunde lang vor dem Gebäude und fuhr wieder davon.

Die Polizei machte ihn schnell ausfindig, Sesler war sofort geständig. Sein Motiv konnten die Beamten dennoch nicht ermitteln. Das Verhalten des Jungen wirkte kalt und distanziert. Schließlich verriet er doch seine wahre Absicht: Er wollte ein Massaker an seiner alten Schule anrichten. Zum Glück hatte er es sich, warum auch immer, im letzten Moment noch einmal anders überlegt. Die einzige Begründung in seinem Geständnis lautete: »Es wurde alles zu echt.«

Sesler wurde 2012 zu lebenslanger Haft verurteilt und sitzt noch heute im Gefängnis.

WELCHES JUNGE MÄDCHEN HAT SEINEN EIGENEN TOD VORHERGESAGT?

In den Monaten vor ihrer brutalen Ermordung tat die 16 Jahre alte Beverly Jarosz alles, was in ihrer Macht stand, um sich auf ihr scheinbar unvermeidbares Ableben vorzubereiten. Sie sinnierte ständig über den Tod und schrieb Gedichte darüber in ihr kleines Notizbuch. »Wenn ich mal tot bin, wird die jemand veröffentlichen wollen«, erzählte sie ihrer kleinen Schwester Carol.

Beverly beschäftigte sich mit Methoden, ihre Zukunft sehen zu können, bevor sie eintrat, und las Bücher zu den Themen Parapsychologie und Handlesen. Wenn sie von der Schule heimkam, verkroch sie sich täglich in ihrem Zimmer, verschloss die Tür und zog die Vorhänge zu. »Nur für alle Fälle« bewahrte sie stets ein Messer in der Nähe ihres Betts auf.

Das Gefühl, dem Sensenmann ausgeliefert zu sein, bekam Beverly im Sommer 1964, zur selben Zeit etwa, als ein anonymes Geschenk für sie an die Hintertür ihres Elternhauses in Garfield Heights, Ohio, geklemmt wurde. Es handelte sich um eine in Geschenkpapier eingewickelte und mit blauer Schleife versehene Box des Kaufhauses Higbee's. »Für Bev« hatte jemand auf die Box geschrieben. Darin befanden sich ein silbernes Armband und ein Ring. Sie hatte keine Ahnung, von wem das Geschenk stammte. In der Nachbarschaft gab es einige Jungen, die gerne mit ihr ausgegangen wären – es hätte von jedem sein können. Doch der anonyme Charakter des Geschenks machte ihr Angst.

Nur wenige Monate später fand Beverlys Vater ihre Leiche mit dem Gesicht nach unten in einer Blutlache auf dem Boden neben ihrem Bett liegen. Sie wurde mehr als 40-mal in den Rücken gestochen und mit einem Seil erwürgt. Es gab keinerlei Hinweise darauf, wer das ahnungslose Mädchen getötet haben könnte. Verdächtig war nur eine Notiz, die Beverly früher am selben Tag für ihren Vater hinterlassen hatte. Darauf stand: »Stephen Stackowicz hat angerufen. Ruft später zurück.«

Der Vater kannte allerdings niemanden, der so hieß. Die Polizei schloss daraus, dass es sich bei dem Anrufer vermutlich um den Mörder handelte, der überprüfen wollte, ob Beverly daheim war. Es gab mit der Zeit immer neue Verdächtige, doch der wahre Mörder Beverlys wurde nie gefunden.

WELCHES JUNGE MÄDCHEN WURDE ACHT JAHRE LANG GEFANGEN GEHALTEN?

Im März 1998 verließ die damals zehnjährige Natascha Kampusch in den Morgenstunden ihr Elternhaus im Wiener Bezirk Donaustadt und machte sich auf den Weg in die Schule, wo sie jedoch nie ankam. An einem abgelegenen Teil des Weges zerrte Wolfgang Přiklopil sie gemeinsam mit einem Komplizen in einen Lieferwagen. Přiklopil war zu diesem Zeitpunkt 36 Jahre alt. Sein Motiv für die Entführung war es, eine »unberührte Jungfrau« zu besitzen, die er eines Tages heiraten konnte.

In Přiklopils Haus musste Natascha feststellen, dass ihr Entführer sich offenbar lange und ausgiebig auf die Verwahrung einer Gefangenen vorbereitet hatte. Unter der Garage befand sich ein winziger Keller, den Přiklopil extra als Verlies für sein Opfer ausgehoben hatte. Der Raum war etwa fünf Quadratmeter groß und mit einer schweren Stahltür verschlossen. Es gab keine Fenster und der gesamte Keller war schalldicht. Dort lebte Natascha Kampusch die nächsten acht Jahre lang.

In ihrem Verlies bekam sie Bücher, einen Fernseher und ein Radio. Auf seine eigene, kranke Art ließ Přiklopil dem Mädchen Zuneigung zuteilwerden. Er versteckte Natascha vor dem Rest der Welt, sodass nur er sie haben konnte, gleichzeitig erniedrigte er sie körperlich und zwang das Kind, teils schwerste Haus- und Renovierungsarbeiten zu erledigen.

Im August 2006 gelang der damals 18-jährigen Natascha die Flucht. Přiklopil hatte ihr erlaubt, im Vorgarten sein Auto auszusaugen. Diese Gelegenheit nutzte das Mädchen, um davonzulaufen. Sie klingelte bei einer Nachbarin und flehte sie an, die Polizei zu rufen. Přiklopil hatte ihr zuvor erzählt, man würde ihn »niemals lebend kriegen«, sollte sie je flüchten. Er hielt Wort. In den Stunden nach Nataschas Flucht beging Přiklopil Selbstmord.

WELCHER WRESTLING-SUPERSTAR LÖSCHTE SEINE GESAMTE FAMILIE AUS?

Chris Benoit, einer der besten Show-Wrestler, die es je gab, hat sein sportliches Vermächtnis für immer zerstört, als er im Juni 2007 seine Frau und seinen Sohn umbrachte und sich anschließend erhängte – all das ohne erkennbares Motiv.

Benoit war ein Ausnahmesportler und früherer Titelträger beim Wrestling-Marktführer World Wrestling Entertainment (WWE), dem dort alle Türen offenstanden. Als er im Juni 2007 nicht zu einem Event erschien, verständigten WWE-Mitarbeiter die Polizei, um in Benoits Haus in Fayetteville, Georgia, nach dem Rechten zu sehen. Dort fanden Sie die Leichen von Benoits Frau und dem erwürgten zehnjährigen Sohn in deren Schlafzimmern. Im Fitnessraum, im Keller des Hauses, fanden sie Benoit selbst, der sich an einem Trainingsgerät erhängt hatte.

Der Doppelmord stellte die Ermittler vor große Rätsel. Die Benoits waren wohlhabend und hatten offenbar keinerlei Eheprobleme. In der Nacht der Morde hätte der Wrestling-Star interessanterweise erneut den WWE-Titel gewinnen sollen (worüber Wrestler im Vorfeld informiert werden). Bevor er die Morde beging, hatte Benoit einen engen Freund angerufen und ihm gesagt, dass er ihn liebe – etwas, das er zuvor noch nie getan hatte. Er verbrachte zwölf Stunden allein mit den Leichen, bevor er Selbstmord beging.

Eine weitverbreitete Theorie lautet, dass Benoit unter einer psychischen Störung litt, ausgelöst von den ständigen Gehirnerschütterungen aus 20 Jahren Wrestling. Seine Obduktion hatte ergeben, dass Benoits Gehirn dem eines 80-jährigen Alzheimer-Patienten glich – obwohl er erst 40 Jahre alt war. Nach der Tat löschte die WWE alle Bezüge zu Benoit aus ihren Archiven.

WELCHER INHAFTIERTE MÖRDER TÖTETE JEFFREY DAHMER?

Christopher Scarver war ein Mörder aus Milwaukee, Wisconsin, der vor allem für einen Mord *innerhalb* der Gefängnismauern bekannt wurde.

1990 war Scarver gerade 21 Jahre alt und trat eine Ausbildung als Tischler an. Ihm wurde im Anschluss an die Ausbildungszeit eine Festanstellung versprochen, die er jedoch nie erhielt. Scarver verließ daraufhin die Firma und kehrte, mit einer Pistole bewaffnet, an einem späteren Tag zurück, um Geld von seinem einstigen Arbeitgeber zu erpressen.

Sein ehemaliger Chef war inzwischen allerdings nicht mehr im Amt und so richtete Scarver seine Wut gegen dessen Nachfolger Steve Lohman. Er verlangte Geld, doch Lohman gab ihm lediglich 15 Dollar. Außer sich vor Wut schoss Scarver ihm in den Kopf und ließ ihn sterben.

Die Behörden kamen Scarver schnell auf die Schliche und verhafteten ihn. Er wurde zu einer lebenslangen Freiheitsstrafe in der Columbia Correctional Institution in Portage, Wisconsin, verurteilt.

Am Morgen des 28. November 1994 wurde Scarver zu einem Arbeitseinsatz eingeteilt. Mit dabei waren zwei weitere Häftlinge: Jesse Anderson, der für den Mord an seiner Frau einsaß, und der kannibalistische Serienmörder Jeffrey Dahmer. Ihr Auftrag war es, die Toilette des Fitnessraums zu reinigen. Als die Gefängnisaufseher die drei eine Zeit lang unbeobachtet ließen, schnappte sich Scarver eine 51 Zentimeter lange Kurzhantelstange aus dem Kraftraum und prügelte die beiden anderen Männer damit zu Tode. Anschließend kehrte er in seine Zelle zurück und informierte einen Aufseher: »Gott hat es mir befohlen. Jesse Anderson und Jeffrey Dahmer sind tot.«

Die Tat hatte für Scarver keine weiteren Konsequenzen. Später behauptete er, die Aufseher hätten die drei absichtlich im Trainingsraum alleingelassen, weil sie Dahmer tot sehen wollten.

WESHALB WAR DER TOD VON ELISA LAM SO SELTSAM?

Elisa Lam, teils bekannt unter ihrem kantonesischen Namen Lam Ho-yi, war eine 21-jährige College-Studentin aus Vancouver. Im Januar 2013 reiste sie nach Kalifornien, um dort ihre »West Coast

Tour« zu beginnen, wie sie es nannte. Lam landete in Los Angeles und checkte im mehr oder weniger berüchtigten Cecil Hotel an der South Main Street ein.

Am 31. Januar sollte Lam wieder auschecken, doch sie erschien nie an der Rezeption und meldete sich auch nicht bei ihren Eltern, die sie sonst täglich anrief. Die Polizei von LA wurde über das Verschwinden der jungen Frau informiert, fand im Cecil Hotel aber keine Spur von ihr. In den Tagen zuvor hatte Lam einige seltsame Postings in ihrem Blog abgesetzt und in einem davon behauptet, ihr Mobiltelefon verloren zu haben.

Bei der Suche nach Lam entdeckte die Polizei eine äußerst merkwürdige Aufnahme der Überwachungskamera aus dem Fahrstuhl des Hotels, die einem das Blut in den Adern gefrieren lässt. Das Video wurde schon bald veröffentlicht und verbreitete sich rasend schnell im Internet. Die unscharfe Aufnahme zeigte die junge Frau, wie sie immer wieder in den Fahrstuhl hinein und wieder herausspringt, wahllos irgendwelche Knöpfe drückt und offenbar versucht, sich vor vorbeigehenden Personen zu verstecken. Gegen Ende lugt sie noch einmal durch die Tür, so als wolle sie sich vergewissern, dass niemand sie sehen kann, und verlässt den Fahrstuhl und das auf der Aufnahme zu sehende Bild. Dies ist die letzte bekannte Aufnahme von Lam, die Datumsanzeige zeigt den Tag an, an dem sie verschwand.

Am 19. Februar 2013 stieg ein Servicetechniker aufs Dach des Hotelgebäudes, um die dortigen Wassertanks zu kontrollieren. In einem davon fand er die nackte Leiche von Elisa Lam. Ihre Kleidung – dieselbe, die sie auch auf den Aufnahmen der Überwachungskamera trug – schwamm ebenfalls im Tank. Die Entdeckung war ein Schock für die Öffentlichkeit und warf eine Menge Fragen auf, sodass viele Gerüchte und Spekulationen aufkamen. Sicher war nur, dass Lam ertrunken war und sich bereits seit drei Wochen in ihrem Wassergrab befand, bevor sie entdeckt wurde. Alles andere, auch wie sie es überhaupt geschafft hat, in den Tank hineinzugelangen, bleibt ein Rätsel.

SCHON GEWUSST?

- Das Cecil Hotel, in dem Lam starb, hat eine lange und recht morbide Geschichte. Drei berühmte Serienmörder haben in der Vergangenheit dort genächtigt.
- Um auf das Dach zu kommen, hätte Lam in Bereiche des Hotels eindringen müssen, zu denen Gäste keinen Zutritt haben, behaupten einige Quellen.
- Die Umstände von Lams Tod ähneln dem Drehbuch des Horrorfilms *Dark Water – Dunkle Wasser* (2005) auf frappierende Weise.
- Besonders gespenstisch: Kurz nach der Entdeckung von Lams Leiche kam es im benachbarten Viertel Skid Row zu einem tödlichen Tuberkuloseausbruch. Die von den Kran-

kenhäusern ausgelieferten Testkits trugen den Namen LAM-ELISA, benannt nach dem gleichnamigen Testverfahren – ein nahezu unglaublicher Zufall.

- Nach Auswertung des Fahrstuhlvideos und des toxikologischen Berichts (der weder auf Alkohol- noch auf Drogenkonsum schließen ließ), deutete der Großteil der Beweise darauf hin, dass Lam eine Psychose erlitten und die Kontrolle über sich selbst verloren hat.

WELCHER SOLDAT ENTHAUPTETE DEN LIEBHABER SEINER FRAU UND SCHENKTE IHR DESSEN KOPF?

Der Fall des US-Soldaten Stephen Schap ist so unglaublich, dass er gemeinhin als urbane Legende gilt. 1993 fand Schap heraus, dass seine Frau ihn mit einem anderen Soldaten namens Sergeant Glover betrog, während er selbst im Auslandseinsatz war. Schlimmer noch, sie war im neunten Monat schwanger – von ihrem Liebhaber!

Als Schap heimkehrte, suchte er Glover – seinen ehemaligen Freund – auf und tötete ihn. Anschließend trennte er dem Mann den Kopf mit einem Jagdmesser ab, steckte den Schädel in eine Tasche und fuhr zum Krankenhaus, wo seine Frau jeden Moment entbinden sollte. Dort angekommen, zeigte Schap ihr den Kopf ihres Liebhabers – Blut und Innereien hingen dabei noch aus dem Hals – und sagte: »Schau, Diane, Glover ist hier! Er kann jetzt jede Nacht mit dir schlafen. Nur du wirst nicht mehr schlafen, denn alles, was du sehen wirst, ist das hier!«

Der Fall war derart morbide, dass viele die Geschichte für einen Mythos hielten, bis eines Tages die Protokolle der Gerichtsverhandlung veröffentlich wurden. In einem Absatz hieß es:

> *»Der Angeklagte platzierte den abgetrennten Kopf in einer Sporttasche und brachte ihn in das Krankenhaus, in das seine Frau aus Sorge vor einer Fehlgeburt (mit dem Kind des Verstorbenen) eingeliefert wurde. Zum Schrecken der Frau und des Krankenhauspersonals stürmte der Angeklagte in das Krankenzimmer, zog den Kopf aus der Tasche, legte ihn auf dem Beistelltisch neben dem Krankenbett ab und zwang seine Frau physisch, ihn anzusehen.«*

Schap wurde unverzüglich inhaftiert und zu lebenslanger Haft verurteilt.

WELCHER MÖRDER TÖTETE SECHS MENSCHEN AUS RACHE?

Li Yijiang war zwar ein wahnsinniger Mörder, man könnte ihn allerdings auch als eine Art Antihelden bezeichnen. Im Dezember 2002 vergewaltigten sechs Männer den damals 25-Jährigen in einer Diskothek. Yijiang hatte die Männer über eine Dating-Website für Schwule kennengelernt und vereinbart, sich in besagter Disco zu sexuellen Abenteuern zu treffen – was er dort über sich ergehen lassen musste, war aber alles andere als abgesprochen.

Die Männer schütteten Yijiang Alkohol in den Rachen und vergewaltigten ihn, sobald er ausreichend betrunken war. Als Yijiang daraufhin heimkam, plante er umgehend seine Rache. In den folgenden sechs Monaten lockte er jeden der Männer einzeln an abgelegene Orte rund um Peking, wo er sie tötete und kastrierte.

Als die Polizei feststellte, dass alle Toten auf der gleichen Dating-Seite mit ein- und demselben User gesprochen hatten, führte diese Spur sie ohne große Schwierigkeiten zu Yijiang. 2003 wurde er verhaftet und gestand freimütig, die sechs Männer getötet und ihre Genitalien entfernt zu haben. In seiner Heimat China verpasste man ihm daraufhin den Spitznamen »Penis-Schlitzer«. Doch der Ruhm währte nicht lang: Kurz nach seiner Verhaftung wurde Yijiang von einem Erschießungskommando hingerichtet.

WELCHER HEAVY-METAL-MUSIKER TÖTETE EINES SEINER BANDMITGLIEDER?

Den Norweger Kristian Vikernes, dessen bürgerlicher Name mittlerweile Louis Cachet lautet, kennt man am besten unter seinem Pseudonym »Varg Vikernes«. Er ist einer der Pioniere des Black-Metal-Genres. Diese Musikrichtung kokettiert mit satanistischen Bildern und ist mit ihrem düsteren Sound und den morbiden Texten nichts für schwache Nerven. Die meisten Black-Metal-Musiker spielen auf der Bühne nur eine Rolle – einige wenige nehmen ihre eigenen Texte aber offenbar sehr ernst.

Vikernes fuhr nach einem Streit um Tantiemen mit seinem damaligen Bandkollegen Øystein Aarseth alias »Euronymous« in dessen Wohnung in Oslo und erstach ihn dort. Er behauptete später, er habe seinen Bandkollegen nur deshalb getötet, weil er überzeugt war, dass der ihn seinerseits töten wolle. Angeblich hatte ein gemeinsamer Freund Vikernes informiert, dass Aarseth vorhabe, ihn zu entführen, an einen Baum zu fesseln und ein Snuff-Video von seinem Mord zu drehen. Diese Behauptungen wurden jedoch nie bestätigt.

Vikernes saß 21 Jahre lang im Gefängnis (die Höchststrafe in Norwegen) und wurde anschließend entlassen. Inzwischen lebt er in Frankreich, ist verheiratet und macht weiter Musik.

SCHON GEWUSST?

- Øystein Aarseths angebliche mörderische Absichten wurden nie bestätigt, er besaß aber fraglos eine äußerst morbide Seite. Nachdem ein Bandkollege von ihm Selbstmord begangen hatte, fotografierte er die Leiche und verwendete das Foto als Albumcover.
- Weil die Texte im Black Metal stark von satanistischen Anschauungen geprägt sind, zündeten in den Anfangsjahren

der Szene viele Anhänger Kirchen in Norwegen an, wobei es zu mehreren Toten kam.

- Seit den frühen 1990er-Jahren kam es innerhalb der Black-Metal-Szene zu diversen weiteren brutalen Morden.

WER BRACHTE SEINE EIGENE MUTTER WEGEN KONZERTKARTEN UM?

Robert Lyons muss ein großer Fan von Avril Lavigne gewesen sein. Als die Sängerin ein Konzert in seiner Heimat Chicago spielte und seine Mutter sich weigerte, ihm Karten dafür zu kaufen, brachte er sie kurzerhand um.

Der damals 39-Jährige war mit seiner 61-jährigen Mutter wegen der Tickets in einen heftigen Streit geraten. Blind vor Wut schlug er der Frau mit einer Cognac-Flasche den Schädel ein, stach ihr neunmal in den Rücken und übergoss ihre Leiche mit Chemikalien. Anschließend fuhr Lyons in der Stadt umher, besuchte eine Buchhandlung und verständigte anschließend die Polizei, der er seine Tat gestand. Die Beamten fanden ihn in einem Hooters-Lokal.

Lyons litt offenbar an einer Vielzahl psychischer Erkrankungen und hatte erst kurz zuvor seine Medikamente abgesetzt. Er behauptete später, nie die Intention gehabt zu haben, seine Mutter zu verletzen. Dennoch wurde er zu 40 Jahren Gefängnis verurteilt, wo er bis heute einsitzt.

WELCHES MÄDCHEN WAR DERART VON SERIENMÖRDERN BESESSEN, DASS ES 2016 SELBST EINEN MORD BEGING?

Jemma Lilley war schon in jungen Jahren geradezu besessen von Serienmördern und Gewalt. Als Kind spielte sie selbst Serienmörderin und sammelte Schlachtermesser. Mit 15 schrieb sie einen Roman, in dem sie die Taten des Serienmörders S.O.S. schilderte (dessen Name an den realen Serienmörder »Son of Sam« angelehnt war). 2016 freundete sich die inzwischen 25-Jährige mit einer jungen Frau namens Trudi Lenon an. Die beiden wurden ein Paar, in ihrer Beziehung vollzogen sie SM-Praktiken, eine dominant-devote Rollenverteilung war Teil davon. Nach einigen Monaten beschlossen die beiden Frauen schließlich, gemeinsam zu töten. Ihr Opfer war der 18-jährige Aaron Pajich, der dasselbe College wie Lenon besuchte und an einer Lernschwäche litt. Die beiden luden Pajich in Lilleys Haus ein, wo sie ihn erstachen.

Die Behörden konnten Lilley und Lenon schnell mit dem Mord in Verbindung bringen. Vor Gericht beschuldigte das Duo sich gegenseitig, dennoch wurden beide zu lebenslanger Haft verurteilt. Lilleys Stiefmutter gab später an, das Mädchen sei von klein auf ein sonderbares und verhaltensgestörtes Kind gewesen, das ihr ständig Angst gemacht habe – und zwar in einem solchen Maß, dass sie sich nicht mehr imstande sah, mit der Kleinen unter einem Dach zu leben und bei erstbester Gelegenheit auszog.

MORDENDE MINDERJÄHRIGE: WENN KINDER TÖTEN

Im Schnitt begehen Serienmörder ihren ersten Mord mit 27 Jahren. Es gibt aber auch Fälle, in denen die Täter deutlich jünger sind. Mordende Minderjährige gab es in der Geschichte zuhauf, viele haben noch nicht einmal das Jugendalter erreicht. In diesem Kapitel widmen wir uns deshalb Mördern, die zum Tatzeitpunkt das 18. Lebensjahr noch nicht vollendet hatten und damit vor dem Gesetz noch Kinder waren.

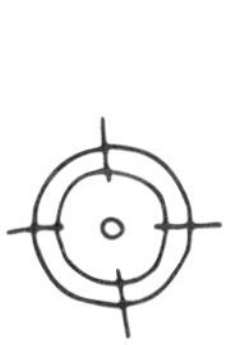

WER WAR DER JÜNGSTE SERIENMÖRDER ALLER ZEITEN?

In einem Alter, in dem die meisten Kinder noch Fahrradfahren lernen und sich mit ihrem Spielzeug beschäftigen, beging Amarjeet Sada bereits einen Mord. Der Junge aus dem Dorf Musahar im ost-indischen Bihar war gerade sieben Jahre alt, als er zum ersten Mal einem Menschen das Leben nahm. Ein Jahr darauf tötete er zwei weitere Male. Er ist damit der jüngste Serienmörder, den es bisher gab.

Aufgrund seines Alters ist über Sadas Morde nicht viel bekannt. Es wird jedoch angenommen, dass er im Jahr 2006 seine sechs Jahre alte Cousine mit einem Messer getötet hat. Später erstickte er seine erst acht Monate alte Schwester und schließlich ein weiteres, erst sechs Monate altes Baby aus seinem Heimatdorf.

Ein klares Motiv für die Taten wurde nie herausgefunden, ein Kinderpsychologe beschrieb Sada jedoch als Sadisten, der Spaß am Töten hat. Da der Junge zum Tatzeitpunkt noch minderjährig war, kam Sada nach kurzer Zeit im Jugendarrest wieder auf freien Fuß und lebt bis heute als freier Mann. Sein Aufenthaltsort ist allerdings unbekannt.

WERDEN MINDERJÄHRIGE MÖRDER VOR GERICHT GENAUSO BEHANDELT WIE ERWACHSENE?

In den meisten Fällen gelten für minderjährige Mörder andere Gesetze als für Erwachsene. Die Höchststrafe für jugendliche Straftäter im Alter zwischen 16 und 18 Jahren beträgt in den USA zwei Jahre Haft, für 12- bis 15-Jährige ein Jahr. Jüngere Täter werden anhand individueller Faktoren verurteilt. In Deutschland gilt für Jugendliche zwischen 14 und 17 Jahren sowie in einigen Fällen für Heranwachsende zwischen 18 und 20 Jahren das Jugendstrafrecht, das ein maximales Strafmaß von bis zu fünf Jahren Haft vorsieht. In besonders schwerwiegenden Fällen, wie Mord mit besonderer Schwere der Schuld, können auch 10 und sogar 15 Jahre verhängt werden. Grundsätzlich liegt der Fokus im Jugendstrafrecht auf einer Resozialisierung der jungen Täter, während im Erwachsenenstrafrecht eher die Bestrafung im Vordergrund steht.

In extremen Fällen, also bei besonders schwerwiegenden Verbrechen, können minderjährige Täter in den USA vor Gericht wie Erwachsene behandelt – und damit theoretisch zu lebenslanger Haft oder in einigen Staaten sogar zum Tode verurteilt – werden, was allerdings seit vielen Jahrzehnten Gegenstand hitziger Debatten ist. Ob ein Minderjähriger nach Jugend- oder Erwachsenenstrafrecht verurteilt wird, obliegt dort dem verhandelnden Jugendrichter. Folgende Faktoren werden bei der Entscheidung berücksichtigt:

- Die Schwere der Tat und ob der minderjährige Angeklagte einer anderen Person damit erheblichen Schaden zugefügt hat.
- Das Alter des Angeklagten.
- Das Vorstrafenregister des Angeklagten.
- Ob der Angeklagte empfänglich für Therapieansätze ist. Als nicht empfänglich gelten Angeklagte, die bereits entsprechende Angebote erhalten haben und dennoch erneut straffällig geworden sind.

WELCHER JUGENDLICHE MÖRDER WURDE VOM MUSIKSTIL HORRORCORE INSPIRIERT?

2009 lernte die damals 16-jährige Emma Niederbrock auf der Social-Media-Plattform MySpace einen Jungen kennen. Emma, eine selbsternannte Außenseiterin aus dem Örtchen Farmville in Virginia, nutzte die sozialen Medien, um mit Gleichgesinnten in Kontakt zu kommen. Sie gehörte der Horrorcore-Szene an, einem Sub-Genre von Rap-Musik mit Fokus auf morbiden Texten, Themen und Bildern.

Der Junge, den sie auf MySpace kennenlernte, war der 18-jährige Richard McCroskey, der sich online als »Syko Sam« bezeichnete. McCroskey war ein angehender Horrorcore-Musiker aus Kalifornien und der absolute Traumtyp des jungen Mädchens: mysteriös, grüblerisch und mit der Aura eines gequälten Genies.

Es dauerte nicht lange, bis die beiden Jugendlichen eine Online-Beziehung eingingen.

Die beiden beschlossen, sich auf einem Festival zu treffen und anschließend gemeinsam zu Emmas Elternhaus in Virginia zu fahren. Emma träumte vom Beginn einer romantischen, erfüllten und realen Beziehung zu dem Jungen, doch es kam anders. Im echten Leben war McCroskey schüchtern und geradezu ängstlich, eben nicht wie der finstere Charakter, den er online verkörpert hatte. Emma fand ihren Traumtyp auf einmal unattraktiv und mehr noch: widerwärtig und abstoßend.

Während des Festivals ignorierte Emma McCroskey und dessen Annäherungsversuche weitgehend und versuchte so gut es ging, ihm aus dem Weg zu gehen. Nachdem das Festival vorüber war, hielt Emma allerdings ihr Wort und ließ McCroskey in ihrem Elternhaus übernachten. Sie schliefen in getrennten Zimmern, zudem befanden sich auch Emmas Mutter und ihre beste Freundin Melanie im Haus.

Am darauffolgenden Tag wurden Emma, ihre Mutter und Freundin Melanie zu Tode geprügelt in ihren Betten gefunden. McCroskey, in Rage vor Eifersucht, hatte das Trio mit einem Vorschlaghammer erschlagen und war mit einem gestohlenen Auto geflohen. Die Polizei fand ihn am Tag darauf schlafend im Gepäckbereich eines Flughafens, wo er auf seinen Flug zurück nach Kalifornien wartete. Er wurde wegen Mordes zu lebenslanger Haft verurteilt.

WELCHER BERÜHMTE GIFTMÖRDER BEGANN SEINE MÖRDERISCHE KARRIERE BEREITS IM JUGENDALTER?

Schon als Jugendlicher entwickelte Graham Young eine seltsame Faszination für Gift. Während seine Schulfreunde sich ihre Zeit mit Verabredungen oder Sport vertrieben, verkroch Young sich in seinem Zimmer und verschlang Bücher zum Thema Gift und berühmten Vergiftungsfällen. Fortan bestimmte diese abnormale Obsession sein Leben.

Schon von Geburt an hatte Young äußerst exzentrische Tendenzen gezeigt. Als Kind sagte er kaum ein Wort, stattdessen beschäftigte er sich still mit seinem Spielzeug oder tauchte ein in die Welt der Bücher. In der Schule verbrachte er weder Zeit mit seinen Mitschülern noch unterhielt er sich mit den Lehrern. Es schien, als hätte er sich freiwillig dazu entschieden, ein Einzelgänger zu bleiben.

Im Alter von 13 Jahren überzeugte Young einen Apotheker, ihm große Mengen Arsen zu verkaufen, angeblich zu »Forschungszwecken«. Er nutzte dabei sein immenses toxikologisches Fachwissen, um vor dem Apotheker deutlich älter zu wirken als er tatsächlich war. Mithilfe des Arsens versuchte der Junge anschließend, einen seiner Mitschüler zu vergiften, der allerdings überlebte.

Als Young 14 Jahre alt war, traten bei seinen Familienmitgliedern regelmäßig Symptome schwerster Vergiftungen auf. Bald richtete der Junge seinen Fokus aber einzig auf seine Stiefmutter

Molly. Im November 1961 fand Youngs Vater sie im Garten, wo sie unter furchtbaren Schmerzen zusammengebrochen war. Sie hielt sich den Bauch und musste sich immer wieder heftig erbrechen. Besonders teuflisch: Young beobachtete seine Stiefmutter seelenruhig, während sie unter Qualen krampfend auf dem Boden umherrollte. Die Frau wurde noch am selben Abend ins Krankenhaus gebracht, wo sie den Folgen ihrer Vergiftung erlag. Später kam heraus, dass Young ihr Thallium verabreicht hatte, ein extrem giftiges Metall.

Die Behörden konnten Young schließlich mit dem Vorfall in Verbindung bringen. Auf Drängen seiner Schule, wo sein endloses Fachwissen zu Gift, berühmten Giftmördern und Toxikologie sich inzwischen herumgesprochen hatte, wurde er zu einem Psychiater geschickt. Mit 15 bekam Young von einem Gutachter attestiert, dass er zu gefährlich sei, um weiterhin das Leben eines normalen Jugendlichen führen zu können. Er wurde daraufhin für mindestens 15 Jahre in die inzwischen berüchtigte psychiatrische Anstalt Broadmoor eingewiesen, wo er der jüngste Patient der Geschichte war.

SCHON GEWUSST?

- Ein Mitinsasse in Broadmoor verstarb nur wenige Monate nach Youngs Einweisung in die Anstalt an einer Zyanid-Vergiftung. Young gestand den Mord später.

- Young behauptete, dass er selbst in Broadmoor weiterhin mit Giftstoffen experimentierte. Die dafür nötigen Inhaltsstoffe extrahierte er angeblich aus Pflanzen im Hof der Anstalt.
- Mit 24 wurde Young aus Broadmoor entlassen und tötete unverzüglich weiter. Er beging zwei Morde in seinen ersten beiden Wochen in Freiheit.
- Young fand bald eine Anstellung in einem Fotolabor in Hertfordshire, wo er später seinen Chef vergiftete.
- Nachdem er verhaftet und für seine im Erwachsenenalter begangenen Morde im Parkhurst-Gefängnis inhaftiert wurde, freundete Young sich mit einem weiteren britischen Serienmörder an: dem »Moor-Mörder« Ian Brady.
- Young starb im Alter von 42 Jahren an Herzversagen. Personen aus seinem Umfeld glauben jedoch, er habe sich selbst vergiftet.

WELCHER JUGENDLICHE MÖRDER STALKTE EINE FAMILIE, INDEM ER UNBEMERKT IN DEN WÄNDEN IHRES HAUSES LEBTE?

Daniel LaPlante war ein gestörter Junge, der eine furchtbare Kindheit durchlebt hat. Mit 16 verliebte er sich in ein Mädchen namens Tina, das in derselben Stadt wie er lebte. Die beiden hatten zunächst nur am Telefon Kontakt zueinander, wo LaPlante sich als blonder, attraktiver und sportlicher junger Mann ausgegeben hatte – was absolut nicht der Realität entsprach. Als beide sich irgendwann persönlich trafen, war Tina geschockt über den schmuddeligen, aknenarbigen Kerl mit den fettigen Haaren, mit dem sie am Telefon geflirtet hatte und der überhaupt nicht so aussah, wie beschrieben.

Die beiden trafen sich ein paar Mal, bevor Tina die Reißleine zog. Sie glaubte, sie würde LaPlante nie wiedersehen. Gleichzeitig erlebten sie und ihre Familie eine Reihe seltsamer Vorfälle in ihrem Haus: Dinge verschwanden. Fernseher schalteten sich auf mysteriöse Weise selbst ein. Scheinbar aus dem Nichts begann Musik loszudröhnen. Und nachts hörten sie, wie gegen die Wände geklopft wurde. Tina und ihre Schwester glaubten, der Geist ihrer erst kürzlich verstorbenen Mutter würde sie heimsuchen.

Als Tina und ihre Familie eines Abends nach Hause kamen, war das gesamte Haus wie auf den Kopf gestellt und folgende Botschaft stand mit Rasierschaum an die Wand geschrieben: »Ich bin in deinem Zimmer. Komm, finde mich.«

Tinas Vater öffnete den Kleiderschrank im Zimmer seiner Tochter und fand darin eine mit Make-up bemalte Gestalt mit einem Beil in der Hand.

Die Familie flüchtete in einen anderen Raum und verbarrikadierte sich darin. Sie konnten hören, wie die Gestalt das Haus verwüstete. Tina gelang durch ein Fenster die Flucht. Sie rannte zum Haus der Nachbarn, von wo aus sie die Polizei verständigte. Als die Beamten eintrafen, war das Haus völlig zerstört, doch der Eindringling bereits verschwunden.

Zwei Tage darauf rief Tina die Polizei erneut, als das Klopfen zurückkehrte. Dieses Mal stellte ein Team von Ermittlern das Haus von oben bis unten auf den Kopf. Als sie schon aufgeben wollten, stieß einer der Polizisten im Keller auf eine Scheinwand, hinter der eine Gestalt in einem ein Quadratmeter großen Hohlraum lebte. Es war Daniel LaPlante, der sechs Monate in diesem Hohlraum verbracht hatte, um Tina und ihre Familie zu beobachten und zu stalken.

Der Junge wurde für ein Jahr in eine Jugendhaftanstalt gesteckt, machte nach seiner Entlassung im Oktober 1987 aber umgehend dort weiter, wo er zuvor aufgehört hatte. Im Dezember 1987 brach LaPlante in das Haus einer anderen Familie ein, vergewaltigte und ermordete die schwangere Mutter und ertränkte die beiden kleinen Kinder in der Wanne. Er wurde kurz darauf gefasst und wanderte erneut ins Gefängnis, wo er bis heute einsitzt.

WELCHER SINNLOSE MORD SCHOCKIERTE 1993 GROSSBRITANNIEN?

Nur selten sorgt ein Verbrechen für derart großes Entsetzen in einer gesamten Nation wie der Mord am kleinen James Patrick Bulger. 1993 wurde an einer Bahnstrecke im englischen Liverpool die Leiche eines zwei Jahre alten Jungen gefunden, gut drei Kilometer von dem Ort entfernt, an dem er einige Tage zuvor zuletzt lebend gesehen wurde. Die Leiche wies fürchterliche Verletzungen auf, die auf die schlimmsten Misshandlungen schließen ließen, die je in einem Fall dieser Art dokumentiert wurden. Doch es kam noch schrecklicher: Als Täter wurden zwei zehn Jahre alte Jungen identifiziert.

Robert Thompson und Jon Venables waren selbst noch Kinder, als sie den hilflosen Zweijährigen immer wieder attackierten und schlussendlich töteten. Die unvorstellbare Brutalität der Tat warf die Fragen auf, ob manche Menschen tatsächlich von Geburt an böse sind und was im Kopf von zwei Kindern vorgehen muss, dass sie ein derart brutales Verbrechen an einem so wehrlosen Opfer begehen.

Die beiden hatten den kleinen James aus einem Einkaufzentrum zu der abgelegenen Bahnstrecke gelockt, wo sie ihn immer wieder auf grausame Weise quälten. Die dabei entstandenen massiven Verletzungen führten letztlich zum Tod des Jungen, den die beiden einfach auf den Bahnschienen liegen ließen. Obwohl die Knaben zum Tatzeitpunkt selbst erst zehn Jahre alt waren, wurden sie nach ihrer Verhaftung wegen Mordes verurteilt und kamen für acht Jahre in Haft. 2001 wurden sie als 18-Jährige auf Bewährung entlassen und erhielten zu ihrem eigenen Schutz neue Namen. Ihre echten Identitäten werden jedoch regelmäßig geleakt.

WELCHE JAPANISCHE TEENAGERIN VERGIFTETE IHRE MUTTER UND DOKUMENTIERTE ES IN DEN SOZIALEN MEDIEN?

Ihren Namen kennt niemand, aber die Verbrechen des sogenannten »Shizuoka Schoolgirls« kennt in Japan dafür jeder. Die 17-jährige Schülerin aus Shizuoka (daher der Spitzname) vergiftete ihre Mutter und dokumentierte alles in ihrem Social-Media-Blog. Aufgrund ihres Alters wurde ihr Name nie veröffentlicht, sie war Berichten zufolge aber geradezu besessen vom berüchtigten jugendlichen Giftmörder Graham Young aus England.

Am 18. August 2005 versetzte die Schülerin das Essen ihrer Mutter mit Thallium, demselben giftigen Metall also, das auch Young verwendet hatte. Innerhalb weniger Minuten verschlechterte sich der Zustand der Mutter dramatisch, die Tochter machte sich indes Anmerkungen dazu in ihrem Notizbuch.

Über die folgenden Wochen verabreichte sie ihrer Mutter immer wieder das Thallium, das sie in einer Apotheke gekauft hatte, und hielt die Folgen der Vergiftung in ihrem Blog fest.

Als die Behörden über den Blog und dessen Inhalte informiert wurden, lag die Mutter bereits im Koma und wurde im Krankenhaus behandelt. Die Polizei fand schnell heraus, dass eine Frau im örtlichen Krankenhaus zu der Beschreibung der Frau aus dem Blog passte und begann umgehend, zu ermitteln.

Die Beamten verfolgten den Blog zu einer Wohnung in Shizuoka zurück. Dort beschlagnahmten sie den Computer des Mädchens, das daraufhin als Autorin des Blogs identifiziert werden konnte. Im Zimmer der Schülerin fanden die Ermittler obendrein allerlei Befremdliches, darunter Puppen mit abgetrennten Gliedmaßen, Tierköpfe, wüste Zeichnungen, verschiedene Drogen und einen größeren Thallium-Vorrat.

Die Mutter des Mädchens erlag in den folgenden Monaten ihrer Vergiftung. Ihr Zustand blieb kritisch, bis sie schließlich an einem unbekannten Zeitpunkt verstarb. Auch das Schicksal ihrer Tochter ist nicht bekannt, da der Fall wegen ihres Alters unter Ausschluss der Öffentlichkeit verhandelt wurde. Es wird jedoch angenommen, dass das Shizuoka Schoolgirl in einer psychiatrischen Anstalt in Japan untergebracht ist.

WELCHE 13-JÄHRIGE BRACHTE SICH WEGEN EINES FAKE-ACCOUNTS UM, IN DEN SIE VERLIEBT WAR?

In den sozialen Netzwerken kann jeder alles sein und Erwachsene können beispielsweise die Rolle eines Teenagers annehmen. So war es bei Lori Drew, die sich als 16-jähriger Junge ausgab, um in den Accounts ihrer eigenen Tochter herumzuschnüffeln – mit tragischen Folgen.

Drews Tochter Sarah war eigentlich mit einem 13-jährigen Mädchen namens Megan befreundet, allerdings hatten die beiden sich zerstritten und nun redete Megan an der Schule der beiden in Michigan offenbar schlecht über die einstige Freundin. Um herauszufinden, was genau das Mädchen über ihre Tochter verbreitete, erstellte sich Sarahs Mutter einen Fake-Account bei MySpace, mit dem sie sich als »Josh Evans« ausgab, einen hübschen 16-jährigen Jungen, der gerade aus Florida nach Michigan umgezogen war. Dem Profil zufolge wurde Josh daheim unterrichtet und spielte in seiner Freizeit Gitarre und Schlagzeug.

Lori Drew – oder »Josh« – freundete sich auf der Plattform mit Megan an. Es dauerte nicht lange und aus der Freundschaft zwischen den beiden entwickelte sich mehr, obwohl sie sich im echten Leben noch nie gesehen hatten. Als Megan sich immer mehr zu »Josh« hingezogen fühlte, erhielt Drew von ihr endlich die Informationen über ihre Tochter, die sie haben wollte. Sobald sie die hatte, wurde »Josh« immer aggressiver. Er begann plötzlich, Megan zu beleidigen und sich über ihr Aussehen und ihren Charakter lustig zu machen. Nach einer stundenlangen Verbalattacke beendete der vermeintliche Josh seine Freundschaft mit der völlig verzweifelten Megan.

Was Drew nicht wusste: Megan litt an Dysphorie und nahm deshalb Antidepressiva. Nach der Tirade von »Josh« ging sie in ihr Zimmer und erhängte sich dort mit einem Gürtel. Lori Drew wurde von den Behörden schnell ermittelt, allerdings nur für den unberechtigten Zugriff auf einen Computer verurteilt.

WELCHER MÖRDERISCHE TEENAGER BEHAUPTETE, ER SEI EIN 500 JAHRE ALTER VAMPIR NAMENS VESAGO?

Rod Ferrell war ein Mörder und Sektenführer aus Murray, im US-Bundesstaat Kentucky. Der 1980 geborene Ferrell tötete schon im Alter von 16 Jahren und versah seine Opfer mit einem Brandzeichen in V-Form, um zu zeigen, dass die Tat das Werk seiner Vampirsekte gewesen war.

1996 brachen Ferrell und zwei Komplizen in das Haus von Naomi und Richard Wendorf ein. Dort erschlug Ferrell mit einem Brecheisen zunächst den Mann im Schlaf, wobei er ihm Rippen und Schädel zertrümmerte. Die Frau fand er, ebenfalls schlafend, im Nebenraum vor. Sie wachte auf und schüttete heißen Kaffee auf ihren Angreifer. Ferrell erlangte jedoch die Oberhand und erschlug sie genauso wie ihren Ehemann.

Das Trio flüchtete und durchquerte in den darauffolgenden vier Tagen vier verschiedene Bundesstaaten. Als sie gerade in Baton Rouge, Louisiana, waren, rief eine von Ferrells Komplizinnen ihre Großmutter an, die daraufhin der Polizei den Aufenthaltsort der Bande mitteilte. Die drei wurden prompt verhaftet und nach Florida ausgeliefert.

Ihre Opfer waren die Eltern eines Mädchens namens Heather Wendorf, die mit Ferrell befreundet war. Dessen Mordmotiv war es, seiner Freundin zu helfen, ihrem häuslichen Alltag zu entkommen. Ferrell wurde für die Morde zum Tode verurteilt und landete als bisher jüngster Häftling im Todestrakt.

Seine Strafe wurde später allerdings in lebenslange Haft umgewandelt.

WER WAR DER EINZIGE MÖRDER, DER IN DEN USA JE FÜR EIN VERBRECHEN HINGERICHTET WURDE, DAS ER VOR SEINEM 17. LEBENSJAHR BEGANGEN HAT?

Sean Sellers war ein überzeugter Satanist, der 1986 seine eigene Mutter und seinen Stiefvater tötete und anschließend behauptete, von einem Dämon besessen zu sein.

Sellers schlich sich in seinem Elternhaus in Oklahoma City ins elterliche Schlafzimmer, wo beide Erwachsenen friedlich schliefen, und schoss ihnen in den Kopf. Danach versuchte er durch eine Manipulation des Tatorts den Anschein zu erwecken, die Morde seien das Ergebnis eines gescheiterten Raubüberfalls gewesen. Zum Tatzeitpunkt war Seller gerade einmal 16 Jahre alt.

Im Gerichtsverfahren versuchten es Sellers Anwälte mit mehreren Verteidigungsstrategien. Zunächst behaupteten sie, die Morde seien das Werk eines verblendeten Satanisten gewesen. Dann, der Junge sei süchtig nach dem Fantasy-Rollenspiel Dungeons & Dragons. Und schließlich gestand Sellers im Gerichtssaal zur großen Überraschung aller noch weitere Morde. Er behauptete, 1985 einen Verkäufer in einem örtlichen Ladengeschäft umgebracht zu haben, der ihm kein Bier verkaufen wollte. Die Tat wurde später bestätigt.

Der Richter traf daraufhin eine kontroverse Entscheidung und verurteilte Sellers zum Tod durch Giftspritze. Das Urteil wurde von vielen heftig kritisiert, auch von hochrangigen Politikern weltweit. Trotzdem wurde Sellers im Februar 1999 im Staatsgefängnis von Oklahoma hingerichtet. In den Tagen vor seiner Hinrichtung schwor er dem Satanismus ab und konvertierte zum Christentum.

WELCHE SCHRÄGE ONLINE-DREIECKSBEZIEHUNG VERLIEF 2006 TÖDLICH?

Im Jahr 2005 begann Thomas Montgomery, ein verheirateter Mann mittleren Alters, sich online als 18-jähriger Marinesoldat auszugeben. Seinem Dating-Profil zufolge war er gerade aus dem Irak heimgekehrt und sehnte sich nach Liebe. Wenig später ging er eine Beziehung mit der Userin »TalHotBlondbig50« ein, eine angeblich 17-jährige Schönheit aus West Virginia namens Jessie.

Die beiden begannen, schlüpfrige Bilder auszutauschen, die Montgomery aus dem Internet herunterlud und als seine eigenen ausgab, während Jesse Fotos im Bikini am Strand an ihren Online-Liebhaber schickte. Es dauerte nicht lang und die beiden schrieben sich täglich, obwohl sie sich noch nie persönlich getroffen hatten.

Als Montgomerys Frau vom außerehelichen Flirt ihres Mannes Wind bekam, schrieb sie Jessie selbst an und schickte ihr eine

E-Mail mit einem Foto, auf dem zu sehen war, wie ihr kahlköpfiger, übergewichtiger Ehemann tatsächlich aussah. Jessie war entsetzt. Um sicherzugehen, dass das Foto echt war, kontaktierte sie einen von Montgomerys Kollegen. Dieser Kollege, ein Mann namens Brian Barrett, bestätigte, dass Montgomery nicht der war, als der er sich ausgegeben hatte.

Seltsamerweise begann Jessie daraufhin eine neue Romanze mit Barrett. Der prahlte daraufhin auf Arbeit immer wieder mit seinem 17-jährigen Schwarm, oft in Hörweite von Montgomery. Dessen Frustration wuchs unaufhörlich, schließlich war er als Hochstapler und Internet-Perversling geoutet worden. Im September 2006 konnte er seine Wut über all das nicht mehr länger kontrollieren.

Er wartete vor der Fabrik, bis Barrett seine Schicht beendet hatte. Als dieser Feierabend machte und in Richtung seines Autos ging, feuerte Montgomery drei Schüsse aus einem Gewehr vom Kaliber .30 auf ihn ab und tötete ihn sofort. Die Polizei brauchte nicht lange, um Montgomery als Täter zu identifizieren. Nach dessen Verhaftung befragten die Ermittler als nächstes Jessie.

Dabei stellte sich heraus, dass »Jessie« in Wahrheit eine Hausfrau mittleren Alters war, die Montgomery und Barrett mit Fotos ihrer 17-jährigen Tochter an der Nase herumgeführt hatte – wie passend!

WELCHE 13-JÄHRIGE ÜBERREDETE IHREN FREUND, IHRE GESAMTE FAMILIE AUSZULÖSCHEN?

Im Jahr 2006 brachte eine rachsüchtige 13-Jährige ihren Freund dazu, ihre Mutter, ihren Vater und ihren Bruder umzubringen – nur weil die gegen die Beziehung der beiden waren.

Das Mädchen (dessen Name aufgrund ihres Alters nie veröffentlich wurde) orchestrierte einen der brutalsten und tragischsten Morde der kanadischen Kriminalgeschichte. Im April 2006 erstach das Duo die Eltern des Mädchens sowie den jüngeren Bruder, der gerade acht Jahre alt war. Das Gerichtsprotokoll beschreibt eine verstörende Szene: Der Junge muss seine Schwester angefleht haben, ihn zu verschonen, doch sie stach ihm eiskalt zweimal in die Brust und reichte ihn weiter an ihren Freund, der ihm schließlich die Kehle durchschnitt.

Obwohl es faktisch der Freund war, der die Morde ausführte, urteilte das Gericht, dass das Mädchen ihn überredet und ermutigt habe, die Familie zu töten.

Mehrere Zeugen hatten zuvor ausgesagt, die Teenagerin habe erzählt, wie sehr sie ihre Familie hasse und alle tot sehen wolle. Andere hatten gehört, wie sie ihren Freund darum bat, ihre Familie zu töten.

Einige Stunden nach den brutalen Morden wurde das Paar turtelnd und küssend in einem nahegelegenen Restaurant gesehen. In derselben Nacht prahlten die beiden Zeugen zufolge auf einer Party mit den Morden. Der Freund soll den entsetzten

Gästen berichtet haben, dass er die Familie seiner Freundin ausgeweidet habe »wie Fisch«.

Die beiden wurden am darauffolgenden Tag verhaftet. Im Gefängnis schrieb das Paar sich überschwängliche Liebesbriefe. Der Freund machte dem Mädchen sogar einen Antrag, den die Teenagerin völlig ergriffen annahm.

Die Geschworenen brauchte nur vier Stunden, um ein Urteil zu fällen. Beide Jugendlichen wurden schuldig gesprochen, das Mädchen war damit die jüngste wegen Mordes verurteilte Angeklagte in der Geschichte Kanadas. Sie befindet sich aktuell in einer psychiatrischen Anstalt, wird in den kommenden Jahren aber entlassen werden.

SCHON GEWUSST?

- Nachdem der Fall abgeschlossen war, kamen noch weitere eigenartige Fakten ans Licht.
- Der Freund des Mädchens hielt sich angeblich für einen 300 Jahre alten Werwolf und trank wohl regelmäßig sein eigenes Blut.
- Beide Jugendlichen waren auf verschiedenen Social-Media-Plattformen mit Gothic-Bezug angemeldet. Der Junge behauptete dort, seine Lebensinhalte seien »Blut, Zerstörung, Massaker, Gewalt und Gier«.

- Er verfasste auch Gedichte. In einem solchen beschrieb er, wie er die Eltern seiner Freundin umbringen würde, indem er ihnen die Kehle durchschneidet.
- Das Mädchen postete mehrere Bilder von sich mit Schusswaffen in den Händen.

WENN DER TOD DIE KUNST IMITIERT: VON MEDIEN INSPIRIERTE MÖRDER

Die Kunst imitiert das Leben und das Leben imitiert die Kunst. Tag für Tag werden Menschen von Persönlichkeiten inspiriert, die sie auf TV- und Handybildschirmen sehen oder von denen sie in Büchern und Zeitschriften lesen. Dabei können sie sich den unbeirrbaren Gerechtigkeitssinn strahlender Helden abschauen oder aber gleichwohl die finsteren Machenschaften fieser Schurken. Medien haben einen enormen Einfluss auf unsere persönliche Einstellung und tatsächlich waren viele reale Morde die Folge perverser Inspiration durch fiktive Charaktere aus Büchern, Filmen und Serien.

WELCHER MORDENDE TEENAGER WURDE VON JASON VORHEES INSPIRIERT?

Wie viele Jugendliche in den 1980er-Jahren hatte Mark Branch eine Vorliebe für Horrorfilme. Allerdings war der Junge aus Greenfield, Massachusetts, von den Gruselstreifen regelrecht besessen. Seine Faszination ging so weit, dass er sich am 24. Oktober 1988 als Jason Vorhees aus der Filmreihe *Freitag der 13.* verkleidete und eine 18-jährige College-Studentin tötete.

Die Schwester des Opfers Shannon Gregory entdeckte deren verstümmelte Leiche in der Badewanne. Sie wies tiefe Schnittwunden an Brust, Bauch und Kopf auf. Nachdem die Polizei einige Kommilitonen befragt hatte, galt Branch sofort als Verdächtiger. Der Junge hatte sich inzwischen aber längst aus dem Staub gemacht.

Es kam heraus, dass Gregory dabei war, für ihren Psychologiekurs ein Gutachten von Branch zu erstellen, worüber dieser offenbar nicht sonderlich glücklich war. Bei der Durchsuchung von Branchs Zuhause fanden die Ermittler 75 Horrorfilme, 64 True-Crime-Bücher, drei Messer, Hockeymasken und verschiedene Waffen.

Die Suche nach Branch dauerte einen Monat. Sein Auto wurde recht schnell verlassen in den Wäldern um Greenfield gefunden. Am 28. November 1988 fand man dort auch Branch selbst – er hatte sich an einem Baum erhängt.

Branchs Tod wurde als Selbstmord zu den Akten gelegt, Gerüchten in der Kleinstadt zufolge handelte es sich dabei aber wohl eher um Selbstjustiz der aufgebrachten Einwohner.

WAS IST DIE »MATRIX-VERTEIDIGUNG«?

Die »Matrix-Verteidigung« ist eine zugegeben recht kreative Methode, mit der Verbrecher versucht haben, das Justizsystem auszutricksen. Ihr Argument lautete, sie dürften für ihre Taten nicht zur Rechenschaft gezogen werden, da sie zum Tatzeitpunkt glaubten, in einer künstlichen Realität – der Matrix – zu leben, wie in der gleichnamigen Filmreihe.

Die Verteidigungsstrategie entstand 2003 während der Verhandlung von Joshua Cooke, einem 19-Jährigen, der seine Adoptiveltern umgebracht hat. Cooke war regelrecht besessen vom 1999 erschienen Film *Matrix* und kleidete sich sogar wie dessen Protagonist Neo. Im Februar 2003 kaufte Cooke sich eine Schrotflinte vom Kaliber .12, ähnlich wie sie der Charakter im Film benutzte, und erschoss damit Mutter und Vater. Danach verständigte Cooke die Polizei, der er erklärte, er habe überprüfen wollen, ob auch er in einer virtuellen Realität lebe.

In seiner Verhandlung setzte Cooke dann auf die Matrix-Verteidigung, die genaugenommen eine spezielle Form der Unzurechnungsfähigkeit darstellt. Cooke wurde jedoch für zurechnungsfähig befunden und für die Morde zu 40 Jahren Haft verurteilt.

WELCHER VERBLENDETE MÖRDER TÖTETE ZWÖLF MENSCHEN WÄHREND DER KINOVORFÜHRUNG EINES BATMAN-FILMS?

Im Juli 2012 standen Kino-Fans auf der ganzen Welt Schlange, um den neuesten Teil von Christopher Nolans *Batman*-Reihe zu sehen: *The Dark Knight Rises*.

In einem Kino in Aurora, Colorado, warf ein psychisch gestörter Schütze eine Tränengasgranate in den Saal und feuerte mit einem Sturmgewehr ins Publikum. Die Zuschauer schrien entsetzt auf und rannten um ihr Leben, doch der Schütze – der 24-Jährige James Holmes – tötete zwölf Menschen und verletzte 70 weitere (62 direkt und acht indirekt).

Holmes wurde noch vor Ort verhaftet. Mit seinen weit aufgerissenen Augen und den orange-rot gefärbten Haaren erinnerte er viele Beobachter an Batmans berühmten Gegenspieler »Joker«.

In Gesprächen mit Psychiatern bezeichnete Holmes seinen Amoklauf wiederholt als seine »Mission«. Als Kind hatte Holmes sich immer wieder eingebildet, von, wie er sie nannte, »Nagel-Geistern« heimgesucht zu werden: Fantasiefiguren, die mit Gewehren aufeinander schossen. Holmes wird den Rest seines Lebens im Gefängnis verbringen.

WELCHES BUCH VON STEPHEN KING INSPIRIERTE MINDESTENS VIER MÖRDER?

Stephen King hat in seiner langen und erfolgreichen Karriere beinahe 70 Bücher geschrieben. Eines davon war jedoch derart kontrovers, dass seit Jahrzehnten keine neue Auflage mehr davon gedruckt wird.

Amok ist eines der Bücher, das King unter seinem Pseudonym Richard Bachman verfasst hat. Es dreht sich um ein selbst für King-Verhältnisse grauenvolles Thema: Der Protagonist ist ein jugendlicher Außenseiter, der sich an seinen Mitschülern rächen will, indem er sie mit einem Gewehr als Geiseln nimmt. In seiner zügellosen Wut fordert er dabei mehrere Menschenleben. Offenbar ließen sich viele echte Menschen von dieser Handlung inspirieren.

So etwa Jeffrey Lyne Cox, der 1988 die Mitschüler seines High-School-Kurses in Geiselhaft nahm und dabei einen Schüler tötete. Oder Dustin Pierce aus Kentucky, der im darauffolgenden Jahr elf Mitschüler als Geiseln nahm.

Außerdem gab es Barry Loukaitis, einen Teenager, der 1996 seinen Mathelehrer sowie zwei Mitschüler tötete und einen weiteren verletzte. Und nicht zuletzt Michael Carneal, der 1997 das Magazin seines Sturmgewehrs auf eine Gebetsgruppe in der Lobby der Kentucky High School entlud, dabei drei Menschen tötete und fünf verletzte.

Diese Reihe von Vorfällen veranlassten King, sein Buch nicht mehr nachzudrucken und so aus dem Handel verschwinden zu lassen. Seit 1998 gab es keine neue Auflage mehr. In seinem Essay *Guns* aus dem Jahr 2013 thematisierte King die Amokläufe und erklärte seine Gründe, das Buch aus dem Handel zu nehmen: »Ich habe es rausgenommen, weil es meiner Ansicht nach Menschen verletzen könnte. Deshalb war es das Richtige, dies zu tun.«

WELCHER MÖRDER WURDE VON ROBOCOP INSPIRIERT?

Nathaniel White war ein Serienmörder, der zwischen 1991 und 1992 in New York sechs Frauen getötet hat, während er auf Bewährung war. Sein Motiv war besonders abstrus: Er behauptete, dazu vom Film *RoboCop 2* inspiriert worden zu sein.

White lockte Frauen in sein Auto, brachte sie an einen abgelegenen Ort und erstach sie dort. In den Fokus der Ermittler geriet er, weil die Schwester eines der Opfer gesehen hatte, wie beide eines Abends gemeinsam einen Nachtclub verließen. Im Rahmen der Ermittlungen gestand White den Mord, gefolgt von fünf weiteren. Er führte die Polizei zu den Orten, an denen er die Leichen versteckt hatte: Bahnschienen, verlassene Gebäude und Hänge rund um die Hudson-Valley-Region von New York.

Im Verhör erklärte White, das Verlangen, zu töten, sei in ihm aufgestiegen, nachdem er den Film *RoboCop 2* gesehen hatte.

Darin geht es um einen futuristischen Super-Polizisten, der auf brutale Weise den Untergrund-Drogenhandel infiltriert. White sagte:

> *»Die Erste, die ich umgebracht habe, war aus einem Robo-Cop-Film … Ich sah, wie [die Figur im Film] einem Opfer erst die Kehle durchgeschnitten, dann mit dem Messer den Körper von der Brust bis zum Bauch aufgeschlitzt und die Leiche in einer bestimmten Position liegen gelassen hat. Bei der ersten Person, die ich getötet habe, habe ich es genauso gemacht wie in dem Film.«*

WELCHER POTENZIELLE SERIENMÖRDER WURDE VON DER ERFOLGSSERIE DEXTER INSPIRIERT?

Als die Polizei den Verbrechen des kanadischen Independent-Filmemachers Mark Andrew Twitchell auf die Spur kam, entwickelte der sich gerade zum Serienmörder. Glücklicherweise konnte die Polizei ihn jedoch schon nach seinem ersten Mord fassen und verhinderte so wohl, dass daraus eine Serie wurde. Im Fall von Twitchell war nicht nur die Tat selbst furchtbar, sondern vor allem auch sein Motiv.

Denn die Behörden glauben, er sei durch die populäre TV-Serie *Dexter* zum Töten inspiriert worden. Darin jagt die Hauptfigur, der Kriminaltechniker Dexter Morgan – ein Experte für

Spurensicherung am Tatort –, auch in seiner Freizeit Serienmörder und ist obendrein selbst einer.

Twitchell hat einen Kurzfilm über einen Mord aus Selbstjustiz gedreht, dessen Abfolge von Ereignissen er später exakt im echten Leben umsetzte: Der Filmemacher schaltete eine Anzeige auf einer Online-Dating-Plattform, in der er sich als Frau ausgab, um potenzielle Opfer anzulocken. Ein Mann namens John Brian Altinger meldete sich auf die Anzeige und die beiden trafen sich daraufhin an einer Mietgarage. Altinger ging davon aus, er würde Sex mit seiner Verabredung haben und wieder heimfahren. Doch er wurde seit jenem Abend nie wieder gesehen.

Zum Glück hatte er zuvor einen Freund verständigt und ihm gesagt, wohin er fuhr. Die Polizei begann, zu ermitteln, und stellte dabei fest, dass die Garage Mark Twitchell gehörte. Als in den Nachrichten über den Sachverhalt berichtet wurde, meldete sich ein zweites Beinahe-Opfer und behauptete, ebenfalls zu der Garage gelockt und dort von einem maskierten Fremden attackiert worden zu sein.

WER AHMTE DIE TATEN DES »ZODIAC KILLERS« NACH?

Serienmörder beziehen ihre Inspiration nicht nur aus Büchern, TV-Sendungen oder Filmen, sondern natürlich auch aus den naheliegendsten Quellen: von anderen Serienmördern. So wie Eddie Seda, der den berüchtigten »Zodiac Killer« nachahmte.

Der Zodiac ist neben »Jack the Ripper« wohl der berüchtigtste nie gefasste Serienmörder, den es je gab. In den 1960er-Jahren tötete er in einem Zeitraum von fünf Jahren mindestens fünf Menschen in San Francisco und verhöhnte Presse und Polizei mit Briefen und kryptischen Puzzeln. Trotz jahrzehntelanger Suche wurde der Zodiac nie gefasst.

20 Jahre später tauchte erstmals ein Nachahmer des Zodiac Killers auf. Heriberto »Eddie« Seda begann seine Mordserie im November 1989. Zunächst sandte er kryptische Hinweise an die Presse, in denen er verschiedene Orte andeutete, an denen er vielleicht zuschlagen könnte. Die Polizei hielt das anfangs für einen makabren Scherz, bis plötzlich immer mehr Leichen auftauchten.

Seda nahm den Begriff »Zodiac« (»Sternzeichen«) wörtlicher als sein Vorbild und tötete nur, wenn bestimmte Sterne am Nachthimmel zu sehen waren. Die Polizei von New York konsultierte sogar einen Astronomen, der bestätigte, dass der Mörder sich tatsächlich an seine Voraussagen hielt.

Nachdem er drei Menschen erschossen hatte, wurde Seda aufgrund einer Zeugenaussage schließlich gefasst. Mithilfe von Fingerabdrücken, die auf seinen Briefen gefunden wurden, konnte seine Identität schließlich zweifelsfrei bestätigt werden. Seda lieferte sich 1996 eine stundenlange Schießerei mit der Polizei, wurde aber schließlich überwältigt und für seine Taten verurteilt. Nach seiner Verhaftung bestätigten Psychologen Sedas Obsession für Astronomie.

WELCHE BEIDEN MÄDCHEN STACHEN AUF EIN DRITTES EIN, WEIL IHNEN VISIONEN DES FIKTIVEN »SLENDERMAN« ERSCHIENEN WAREN?

Im Mai 2014 wäre eine Zwölfjährige namens Payton Leutner beinahe von zwei durchgedrehten Mädchen erstochen worden, die glaubten, Befehle vom fiktiven Horror-Charakter »Slenderman« erhalten zu haben.

Der Slenderman ist eine große, düstere Gestalt ohne Gesicht, die im Rahmen eines Photoshop-Wettbewerbs zum Thema Horror entstanden ist. Das Bild faszinierte die Internet-Gemeinde, die schon bald Hintergrundinformationen dazu erfand und allerlei Fanfiction mit dem schlaksigen Gruselcharakter verfasste, der daraufhin eine Art Eigenleben entwickelte. So heißt es etwa, Slenderman hause in den Wäldern.

Die beiden Zwölfjährigen Anissa Weier und Morgan Geyser lockten ihre beste Freundin Payton Leutner in eine bewaldete Gegend in Waukesha, Wisconsin, wo sie angeblich Verstecken spielen wollten. Plötzlich attackierten die beiden Payton, fixierten sie auf dem Boden und stachen ihr insgesamt 19-mal in Arme, Beine und Körper. Anschließend flohen Weier und Geyser und ließen ihre Freundin zum Sterben im Wald zurück.

Payton schaffte es jedoch, bis zu einer nahegelegenen Straße zu kriechen, wo sie einen Fahrradfahrer auf sich aufmerksam machen konnte. Sie wurde in ein Krankenhaus gebracht und wiederbelebt – riesiges Glück, wenn man bedenkt, dass sie schon beinahe tot war, als sie Hilfe gesucht hatte.

Weier und Geyser wurden noch in derselben Nacht, etwa acht Kilometer vom Tatort entfernt verhaftet. Die Polizei fand das blutige Messer in Weiers Rucksack. Die beiden Mädchen gestanden den Angriff, zeigten dabei aber keinerlei Empathie für ihr Opfer. Stattdessen behaupteten sie, die Tat sei nötig gewesen, um den Wünschen von Slenderman zu entsprechen.

Weier wurde wegen versuchten Mordes angeklagt, Geyser wegen versuchten Totschlags. Aufgrund der Schwere der Tat wurden beide Mädchen vor Gericht wie Erwachsene behandelt. Bei Weier wurde Schizophrenie diagnostiziert, ihr Urteil lautete 25 Jahre Haft. Geyser erhielt die Maximalstrafe von 40 Jahren Haft.

SCHON GEWUSST?

- Die Slenderman-Messerstecherei entfachte eine heiße Debatte über die Auswirkungen von Internetgeschichten auf Kinder – eine Debatte, die noch lange nicht vorüber ist.
- Die Tat diente als Vorlage für viele Filme, Dokumentationen und Fiktionalisierungen, unter anderem in einer Folge der populären Krimireihe *Criminal Minds*.
- Payton Leutner hat die Attacke überlebt. Sie hat nach eigener Aussage damit abgeschlossen und ist nicht mehr davon traumatisiert.

☠ Sie sei den beiden Täterinnen sogar dankbar, da der Vorfall sie motiviert habe, eine Laufbahn als Medizinerin einzuschlagen.

WELCHER MÖRDER WURDE VON *HALLOWEEN*-BÖSEWICHT MICHAEL MYERS INSPIRIERT?

John Carpenters Horrorfilm *Halloween* aus dem Jahr 1978 genießt Kultstatus und ebnete den Weg für unzählige Slasher-Streifen, die danach folgten. Zum ersten Mal wurde darin Oberschurke Michael Myers auf die Kinowelt losgelassen, der Psychopath mit der weißen Maske, der besessen davon ist, seine eigene Schwester zu jagen und umzubringen.

Die Fortsetzung aus dem Jahr 1981 wurde von Kritikern zwar nicht so sehr gelobt wie der erste Teil, hier diente Myers' Charakter aber erstmals als unfreiwillige Inspiration für ein reales Gewaltverbrechen. Im Film brach Myers in das Haus eines älteren Ehepaars ein und stahl dort ein Küchenmesser, mit dem er besagtes Paar anschließend ermordete.

Im Dezember 1982 tat ein Mann namens Richard Delmer Boyer exakt dasselbe und ließ sich Berichten zufolge von dem Horror-Klassiker inspirieren. Boyer schlich sich ins Haus von Francis und Eileen Harbitz, stahl ein Messer aus der Küche und erstach das ältere Ehepaar. Die Leichen wurden erst entdeckt, als ihr Sohn William fünf Tage später nach ihnen sehen wollte. William fand seinen Vater umgeben von Blut, in sitzender Position im Flur vor. Seine Mutter lag mit dem Gesicht nach unten in der Küche und war übersäht mit Schnittwunden. Die Obduktion ergab insgesamt 43 Stichwunden bei beiden Opfern.

Als William herauszufinden versuchte, wer dieses schreckliche Verbrechen verübt haben könnte, erinnerte er sich, dass Boyer in der Vergangenheit den Garten seiner Eltern gepflegt und dabei stets eine recht aggressive Art an den Tag gelegt hatte. So wurde Boyer zum Verdächtigen. Bei der Durchsuchung seiner Wohnung in El Monte, Kalifornien, wurde ein blutiges Messer gefunden, das ihn mit den Morden in Verbindung brachte.

WELCHER BERÜHMTE SERIENMÖRDER WAR BESESSEN VOM FILM *DER EXORZIST III*?

Jeffrey Dahmer ist zweifellos einer der skrupellosesten Serienmörder aller Zeiten. Aufgrund der umfassenden medialen Aufmerksamkeit für seine Taten meinen wir vielleicht, wir wüssten schon alles Wissenswerte über den Kannibalen aus Milwaukee. Den wenigsten Menschen dürfte aber bekannt sein, dass Dahmer offenbar von einem bestimmten Horrorfilm besessen war.

Er besaß eine Videokassette vom 1990 erschienenen Streifen *Der Exorzist III*, den er sich, nach eigener Aussage bei der Polizei, sechs Monate lang bis zu dreimal pro Woche angesehen hat. In dem Film jagt ein Ermittler einen Serienmörder namens Gemini, der eigentlich längst als tot galt. Eines von Dahmers Opfern hat sich den Film sogar mit ihm gemeinsam angesehen, natürlich ohne dabei zu wissen, dass Dahmer sich davon zum Töten inspirieren ließ.

Dahmer hatte den 32-jährigen Tracy Edwards in seine Wohnung gelockt, ihm Betäubungsmittel verabreicht und Handschellen angelegt. Anschließend holte er ein großes Messer hervor, legte *Der Exorzist III* ein und versicherte Edwards, dass er gleich sein Herz essen werde. Edwards gelang glücklicherweise die Flucht, was letztlich zu Dahmers Verhaftung führte.

WELCHER MÖRDER WURDE VON DER FILMREIHE *THE PURGE* INSPIRIERT?

Inspiriert von der polarisierenden Politiklandschaft des modernen Amerikas stellte James DeMonaco in seiner Filmreihe *The Purge – Die Säuberung* 2013 erstmals die Frage: Was, wenn Mord zwölf Stunden lang legal wäre?

Für den 19-jährigen Jonathan Cruz aus Indianapolis, Indiana, war diese Frage mehr als nur die fiktive Handlung eines Films. Er betrachtete sie als reale Herausforderung. Cruz war der selbsternannte Anführer eines lokalen Ablegers der berüchtigten Bloods-Gang und schoss im Mai 2016 drei zufällig ausgewählten Männern in den Kopf.

Die Polizei entdeckte die erste Leiche auf der North College Avenue in den frühen Morgenstunden des 12. Mai. Sie wies zwei

Schusswunden auf. Die zweite Leiche, diesmal mit drei Schusswunden, fanden sie einige Stunden später auf der North Denny Street. Die Leiche des dritten Opfers befand sich auf dem Fahrersitz eines Pontiacs auf der North Linwood Avenue, sie wies ebenfalls zwei Schusswunden auf. In der letzten Nacht von Cruz' viertägiger Schreckenstour gab eine Anwohnerin der Polizei den Hinweis, dass Cruz der gesuchte Täter war und durch den Film zu seinen Morden animiert wurde.

Die Anwohnerin berichtete, Cruz sei ein Drogendealer und habe in den vergangenen Tagen damit geprahlt, drei Männer erschossen zu haben. Cruz habe außerdem versucht, ihr ein Video von einem der Morde zu zeigen. Dies führte schließlich zu Cruz' Verhaftung.

Unglaublich: Cruz' Smartphone war tatsächlich randvoll mit Beweisen für die Morde. In einer seiner Textnachrichten stand etwa: »Ich ziehe jetzt jede Nacht zur Säuberung los. Wenn ich schon sterbe, muss jemand anderes das auch tun.« Cruz sandte seiner Mutter sogar einen Screenshot von einem Nachrichtenartikel über einen seiner Morde und bat sie: »Lösch das, wenn du es gelesen hast.«

Die Mutter – in Sachen Technik offenbar deutlich fitter als ihr jugendlicher Sohn – informierte den Jungen, dass die Polizei seine und ihre gelöschten Nachrichtenverläufe problemlos wiederherstellen könnte. Im Verhör gestand Cruz schließlich alles und wurde zu lebenslanger Haft ohne Chance auf Bewährung verurteilt.

WELCHER VON HORRORPUPPE »CHUCKY« INSPIRIERTE MÖRDER BEGING DEN SCHLIMMSTEN AMOKLAUF DER AUSTRALISCHEN GESCHICHTE?

Martin Bryant war ein psychisch kranker Einzelgänger, der seinen Trost vor allem in Horrorfilmen fand. Seine Besessenheit von den Gruselstreifen wuchs mit den Jahren immer mehr, bis sie schließlich im schlimmsten Amoklauf der australischen Geschichte mündete, der 35 Menschen das Leben kostete.

Bryant wuchs im australischen Hobart ohne Freunde auf, er passte nirgendwo so recht hinein und wurde von seinen Mitschülern gemobbt. Dies führte irgendwann dazu, dass er nur noch schlecht von seinen Klassenkameraden sprach und ihnen den Tod wünschte. Seine einzigen Freuden im Leben waren Horrorfilme und Tauchtouren mit seinem Vater, der den Jungen abgöttisch liebte. Bryant litt an einer Lernschwäche und besaß nur einen IQ von 68 – wodurch sein Leben ein ständiger Kampf war. Erst im Gefängnis diagnostizierten Ärzte bei ihm Asperger-Autismus.

Dass Bryant kein normales Kind war, zeichnete sich schon früh in seinem Leben ab. Er quälte Tiere, legte Feuer und war auf verstörende Weise besessen von Sex zwischen Menschen und Tieren. Und er besaß noch eine weitere Obsession: Bryant liebte den Film *Chucky 2 – Die Mörderpuppe ist wieder da.*

Nachdem er 1988 die Sonderschule abgeschlossen hatte, nahm Bryant einen Job als Gärtner an und lernte die wohlhabende 59 Jahre alte Erbin Helen Harvey kennen. Der damals 21-Jährige begann ziemlich schnell eine Affäre mit der älteren Dame und erbte fast eine halbe Million Dollar, nachdem sie bei einem Autounfall ums Leben gekommen war. (Bryant saß selbst mit im Fahrzeug, überlebte aber.)

1993 fand man die Leiche von Bryants Vater, der auf mysteriöse Weise mit einem schweren Bleigurt für Taucher um den Hals ertrunken war. So erbte Bryant erneut und besaß inzwischen ein ansehnliches Vermögen von annähernd einer Million Dollar. Dennoch trieb ihn etwas zu einem der brutalsten Verbrechen in der Geschichte Australiens.

Im April 1996 lief Bryant zwei Tage lang Amok und forderte dabei 35 Menschenleben. Die Tat ist heute als »Port-Arthur-Massaker« bekannt. Es handelte sich dabei um den schlimmsten Massenmord einer Einzelperson in der australischen Kriminalhistorie. Bryant zog durch Cafés, Souvenirläden, Mauthäuschen und Tankstellen und erschoss dabei mit seinem AR-15-Sturmgewehr jeden, der ihm in die Quere kam. Seine Opfer waren zwischen drei und 72 Jahren alt. Zum Zeitpunkt seiner Verhaftung hatte er 35 Menschen getötet und 23 weitere verletzt.

Nachdem die Nachrichten über das Massaker berichtet hatten, äußerste sich eine von Bryants Ex-Freundinnen öffentlich über dessen Charakter. Sie sagte:

»Er liebte Chucky und redete ständig von ihm. Im Film wird die Puppe lebendig und muss diesen Jungen umbringen, da-

mit sie selbst ein echter Mensch werden kann. Und dann läuft sie rum und tötet all diese Menschen. Es gibt ein Zitat aus dem Film: ›Don't fuck with the Chuck‹ [›Leg dich nicht mit Chuck an‹]. *Wenn er das gesagt hat, war er richtig aufgeregt und hielt sich für total cool.«*

SERIENMÖRDER IN DER POPKULTUR

Monster wie Ted Bundy oder Jeffrey Dahmer sind heutzutage ähnlich prominente Berühmtheiten wie Marilyn Monroe oder Mutter Theresa. Wenn Sie durchs TV-Programm oder das Angebot Ihres Streaming-Anbieters zappen, werden Sie eine Vielzahl von Sendungen finden, die entweder Leben und Verbrechen berühmter Serienmörder porträtieren oder zumindest auf wahren Mordserien basieren. So makaber es klingen mag: Serienmörder sind inzwischen ebenso Teil der Popkultur wie Schauspieler oder Musiker.

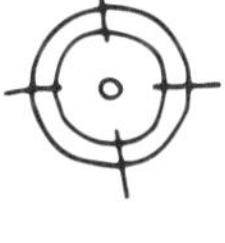

WELCHER SERIENMÖRDER WIRD IN DER POPKULTUR AM HÄUFIGSTEN ERWÄHNT?

Zu keinem anderen Serienmörder finden sich in der Popkultur häufiger Querverweise als zu »Jack the Ripper«. Das mysteriöse Phantom, das im Jahr 1888 London in Angst und Schrecken versetzt hat, gilt inzwischen weltweit als der Goldstandard des Bösen. Seine Verbrechen wurden in zahllosen Filmen, Serien, Videospielen, Theaterstücken, Büchern und Comics thematisch verarbeitet. Obwohl der Ripper nie geschnappt wurde und seine Opferzahl im Vergleich zu einigen seiner späteren »Kollegen« verhältnismäßig gering war, scheint er bis heute der Maßstab zu sein, an dem alle anderen Serienmörder gemessen werden.

Die wohl bekannteste filmische Adaption seiner Verbrechen ist der 2001 erschienene Hollywood-Film *From Hell* mit Johnny Depp. Zudem tauchte der Ripper in mehreren Teilen der beliebten Spielereihe *Assassin's Creed* auf. Und in London ist ihm, in der Nähe seiner historischen Tatorte, ein Museum gewidmet. An den Tatorten selbst hat sich mit den Jahren eine makabre Tourismus-Industrie entwickelt.

WER WAR NORMAN BATES – DER ERSTE SERIENMÖRDER, DER ZUR POP-IKONE WURDE?

Norman Bates ist ein fiktionaler Charakter, mit dem die moderne Faszination von Serienmördern wohl ihren Anfang nahm. 1959 tauchte er in Robert Blochs Bestseller *Psycho* erstmals auf und war ein Jahr später auch in der filmischen Adaption des Buchs zu sehen. In beidem ist Bates der Inhaber eines gleichnamigen Motels, ein attraktiver und scheinbar schüchterner junger Mann, hinter dessen biederer Fassade sich in Wahrheit ein Serienmörder mit dissoziativer Identitätsstörung verbirgt. Bates pflegte eine sehr innige Beziehung zu seiner verstorbenen Mutter, in deren Identität er Nacht für Nacht schlüpfte.

Es heißt, Bates' Charakter sei vom mordenden Grabräuber Ed Gein inspiriert worden, der eine ähnlich obsessive Beziehung zu seiner toten Mutter pflegte und ebenfalls deren Identität annahm, indem er selbstgenähte Kleider aus der Haut gestohlener Leichen trug. Bloch nutze allerdings seine künstlerische Freiheit und versetzte den Serienmörder in eine andere Zeit und ein urbaneres Umfeld.

WELCHER REALE SERIENMÖRDER DIENTE ALS VORLAGE FÜR DIE FILMFIGUR HANNIBAL LECTER?

Die meisten Menschen glauben, Dr. Hannibal Lecter – der Protagonist in *Das Schweigen der Lämmer* – sei ein rein fiktionaler Charakter. Doch Thomas Harris, Autor der Romanvorlage zum Film, ließ sich beim Schreiben nach eigener Aussage vom realen Mörder Alfredo Ballí Treviño inspirieren, der ebenfalls Chirurg war.

Als Treviño 1959 noch Assistenzarzt war, durchschnitt er seinem eigenen Liebhaber nach einem besonders heftigen Streit die Kehle mit einem Skalpell. Anschließend zerteilte er die Leiche in kleine Stücke, die er auf einem verlassenen Grundstück vergrub.

Harris lernte Treviño zufällig bei einer Recherche im Gefängnis von Monterrey in Mexiko kennen. Er hielt ihn zunächst für den Gefängnisarzt und erfuhr erst im Gespräch, dass es sich bei ihm um einen Häftling handelte. Laut Harris war Treviño ein »kleiner, schlanker Mann mit roten Haaren, der unbewegt dastand und sehr elegant sprach«. Er starb 2009 im Alter von 81 Jahren.

Übrigens: Serienmörder Ted Bundy wurde bei der Verfolgung eines anderen Serienmörders von Ermittlern als Berater konsultiert, ähnlich wie Hannibal Lecter im Film. 1986 flogen Beamte aus Oregon nach Florida, um sich mit Bundy zu treffen, der dort im Gefängnis auf seine Hinrichtung wartete.

Bundy hatte von den Morden des sogenannten »Green River Killers« gelesen und sich als Experte angeboten, um bei dessen Verhaftung zu helfen. Bundy erklärte den Ermittlern, dass der

Täter mit großer Wahrscheinlichkeit an die Orte zurückkehren würde, an denen er die Leichen entsorgt hat. Und tatsächlich gelang es den Behörden auf diese Weise, den Green River Killer zu schnappen. Es ist nicht bekannt, ob Harris auch dieser Vorgang als Inspiration zur Handlung von *Das Schweigen der Lämmer* diente, aber die Ähnlichkeiten zwischen realem und fiktivem Fall sind auf schaurige Weise verblüffend.

SCHON GEWUSST?

Für die Figur des Buffalo Bill – den wahnsinnigen Mörder, der in *Das Schweigen der Lämmer* mit Hannibal Lecters Hilfe gejagt wird – dienten fünf echte Serienmörder als Vorlage:

- Ed Gein, denn Bill häutete ebenfalls Frauen und trug deren Haut als Kleider.
- Edmund Kemper, weil Bill ebenfalls seine eigene Mutter tötete (nur im Buch).
- Gary Heidnik, weil er seine Opfer im Keller gefangen hielt.
- Ted Bundy, weil er ebenfalls Verletzungen vortäuschte, um Frauen in sein Auto zu locken.
- Green River Killer Gary Ridgway, der die Leichen seiner Opfer mit Gewichten im Wasser versenkte. Zum Zeitpunkt der Entstehung des Buchs war Ridgway noch nicht als Täter identifiziert.

WELCHE ECHTEN MÖRDER WURDEN VON DER *SCREAM*-REIHE INSPIRIERT?

1996 kam der erste Teil der *Scream*-Reihe in die Kinos und hat dem Horror-Genre mit seinen subtilen Persiflagen altbekannter Filmklischees neues Leben eingehaucht. Im Film terrorisiert ein maskierter Killer eine Gruppe von Teenagern in der fiktiven Kleinstadt Woodsboro. Was viele nicht wissen: Obwohl dieses Grundkonzept keineswegs neu war, diente ein echter Serienmörder namens Danny Rolling als Vorlage für die Handlung.

Nachdem ihn sein Vater aus dem Haus geworfen hatte, schlug Rolling im August 1990 sein Lager in einem Waldgebiet bei Gainesville, Florida, auf. Anschließend schlich er sich in die Wohnungen zweier College-Studentinnen und erstach erst die eine und vergewaltigte dann die andere, bevor er sie ebenfalls erstach. Am darauffolgenden Tag tat er dasselbe mit einer anderen Studentin und zwei weitere Tage später mit drei weiteren Opfern. Auf eines stach er derart heftig ein, dass ihr Herz dabei zerriss.

Die Polizei brauchte zwei Jahre, um Rolling als Verdächtigen zu identifizieren. Schließlich gestand er jedoch alle sechs Morde. Er behauptete, die Taten begangen zu haben, um berühmt zu werden. Rolling wurde im Oktober 2006 mit der Giftspritze hingerichtet.

SCHON GEWUSST?

- Die *Scream*-Reihe war nicht nur von Rollings Taten inspiriert, sondern motivierte über die Jahre selbst einige Nachahmer.
- Die beiden Jugendlichen Daniel Gill und Robert Fuller erstachen ihren 13 Jahre alten Freund, nachdem sie den ersten *Scream*-Teil gesehen hatten.
- Mario Padilla, ein 16 Jahre alter Junge aus Lynwood in Kalifornien, erstach seine eigene Mutter. Die Tat wurde später als der »Scream-Mord« bekannt.
- Thierry Jaradin, ein einsamer, 24 Jahre alter LKW-Fahrer, erstach ein 15-jähriges Mädchen und trug dabei die aus dem Film bekannte Ghostface-Maske.

WAS SIND »MURDERABILIA«?

Serienmörder sind ein solches popkulturelles Phänomen geworden, dass der Handel mit sogenannten »Murderabilia« einen regelrechten Boom erfährt. Der Begriff ist an das Wort »Memorabilia«, »Erinnerungsstücke«, angelehnt und bezeichnet Gegenstände mit einer Verbindung zu berüchtigten Serienmördern oder Kriminellen – Killer-Reliquien sozusagen. Viele Stücke befinden sich inzwischen in Museen und persönlichen Sammlungen auf der ganzen Welt.

Einige Berühmtheiten der Alternative-Szene, wie die Rockstars Marilyn Manson oder Korn-Frontmann Jonathan Davis, besitzen solche Objekte. Davis gehörte sogar einmal Ted Bundys VW Käfer, mit dem der Killer viele seiner Opfer verschleppte. Der wohl berühmteste Murderabilia-Sammler ist aber Künstler Joe Coleman.

Coleman ist für seine großformatigen Leinwandbilder bekannt, die Szenen aus dem Leben berüchtigter Krimineller zeigen. Er besitzt einen reichhaltigen Fundus an Horror-Souvenirs, darunter ein Bekennerschreiben von Albert Fish, Tatwaffen von Gary Heidnik, Haare von Charles Manson und sogar ein personalisiertes Gemälde von John Wayne Gacy. All diese Dinge bewahrt Coleman in seiner New Yorker Wohnung auf. Wer sie besichtigen will, muss auf eine Einladung des Künstlers hoffen.

Der Großteil aller Murderabilia befindet sich in solchen privaten Sammlungen. Einige besonders prominente Ausstellungsstücke können jedoch in Museen bestaunt werden. Ted Bundys bereits erwähnter VW etwa steht inzwischen im Kriminalmuseum Alcatraz East in Pigeon Forge, Tennessee – neben den getragenen Clown-Kostümen von John Wayne Gacy. Die Stockbetten, in denen die berühmte Heaven's-Gate-Sekte Selbstmord beging, lassen sich neben einer Reihe weiterer schräger Exponate im Museum of Death in Hollywood besichtigen.

SCHON GEWUSST?

- Die Ursprünge der Murderabilia-Industrie reichen zurück bis in die 1950er-Jahre. Damals erstand ein Kirmes-Besitzer den Wagen von Ed Gein und stellte ihn – natürlich gegen Eintritt – in seiner Show aus.
- Besonders beliebte Murderabilia sind handgeschriebene Briefe, Malereien aus dem Gefängnis, Gegenstände von Tatorten, Haar- und Nagelproben sowie Kleidungsstücke.
- Das teuerste Stück Murderabilia, das je verkauft wurde, war ein Revoler der Marke Colt Cobra, der Jack Ruby gehörte – dem Mann, der Lee Harvey Oswald getötet hat. Er wurde 2008 für zwei Millionen Dollar verkauft.
- Das teuerste noch verfügbare Stück Murderabilia (Stand September 2022) ist John Wayne Gacys letztes je gemaltes Bild. Es kostet aktuell 49 000 Dollar.
- Eines der seltensten Stücke Murderabilia aller Zeiten ist die Visitenkarte von William Marwood, einem britischen Henker aus dem 19. Jahrhundert – sie befindet sich aktuell im Besitz von Joe Coleman.

WAS IST DAS »SON OF SAM«-GESETZ?

Das Gesetz verhindert in vielen US-Bundesstaaten, dass verurteilte Kriminelle aus ihren Taten auch noch Profit schlagen, etwa indem sie ihre Lebensgeschichte an Buchverlage, Filmproduzenten, TV-Sender oder andere Unternehmen verkaufen. Es beruht auf der Auffassung, dass ein Mensch nach einem begangenem Verbrechen bestimmte Rechte und Privilegien verliert, und deshalb seine Biografie nicht mehr zu Geld machen kann.

Die »Son of Sam«-Gesetze wurden verabschiedet, nachdem der unter gleichem Namen bekannt gewordene New Yorker Serienmörder David Berkowitz regelrechten Superstarstatus erlangt hatte. Als Berkowitz im Jahr 1977 Berichten zufolge eine große Summe Geld für die Rechte an seiner Lebensgeschichte angeboten bekam, verabschiedete der Staat New York ein Gesetz, nach dem jedes Einkommen eines verurteilten Kriminellen, das dieser aus der kreativen Verarbeitung seiner Verbrechen bezieht, auf einem Treuhandkonto verwahrt werden muss.

Die auf diesem Treuhandkonto gesammelten Gelder sollen dann verwendet werden, um die Opfer von Verbrechen und deren Angehörige für ihr erlebtes körperliches und seelisches Leid zu entschädigen.

GIBT ES POPULÄRE MEDIEN, DIE VON MÖRDERN ODER SERIENKILLERN SELBST PRODUZIERT WURDEN?

Viele Serienmörder haben in Haft Bücher geschrieben, sowohl fiktionale Literatur als auch Sachbücher.

Das wohl berühmteste Buch eines Serienmörders ist *Gates of Janus* (etwa: »Die Tore des Janus-Tempels«) vom berüchtigten Kindermörder Ian Brady. Brady erzählt darin seine Lebensgeschichte und analysiert andere berühmte Serienmörder wie John Wayne Gacy, Peter Sutcliffe, Ted Bundy und Henry Lee Lucas.

Auch der »Gainesville Ripper«, Danny Rolling, entdeckte hinter Gittern sein Faible für das geschriebene Wort und verfasste gleich zwei Romane. Im ersten Buch *The Making of a Serial Killer* (»Die Entstehung eines Serienmörders«) thematisiert er seine durch Gewalt und Misshandlungen geprägte Kindheit und beschreibt detailliert die fünf Morde, die er begangen hat. Sein zweites Buch *Sicarius* besitzt eine abstruse Handlung, in der ein Zoologe bei einem Stamm afrikanischer Ureinwohner ein außerirdisches Relikt sucht.

John Wayne Gacy schrieb im Gefängnis seine Autobiografie, die den Titel *A Question of Doubt* (»Eine Frage des Zweifels«) trägt. Gacy beteuert darin seine Unschuld und erfindet Ausreden dafür, wie die 33 in seinem Keller gefundenen Leichen dorthin kamen.

Polizist und Serienmörder Gerard John Schaefer schrieb eine Sammlung Kurzgeschichten mit dem Titel *Killer Fiction*. Jede Geschichte dreht sich um einen brutalen und sinnlosen Mord und weist Bezüge zu Schaefers eigenen Taten auf.

WELCHER ECHTE SERIENMÖRDER WAR IN *DER EXORZIST* ZU SEHEN?

Der Film *Der Exorzist* besitzt einen gewissen Ruf. Er gilt nicht nur als einer der gruseligsten Streifen überhaupt, sondern scheint auch mit einem Fluch belegt zu sein. Im Zusammenhang mit den Dreharbeiten kam es zu einer Reihe furchtbarer Ereignisse, darunter Tode, ein großes Feuer und mehrere unerklärliche Vorgänge. Ein besonders schauriger Fakt: Im originalen Film aus dem Jahr 1973 spielte ein echter Serienmörder mit.

In einer Szene nimmt ein von Paul Bateson gemimter Röntgentechniker medizinische Tests an der Hauptdarstellerin vor. Bateson war auch im echten Leben Röntgentechniker und wurde vom Regisseur besetzt, weil er der Rolle eine gewisse Echtheit verlieh.

Einige Jahre später machte Bateson eine schwere Zeit durch und fing an, heftig zu trinken. Im September 1977 brach er schließlich in das Haus eines Hollywood-Reporters ein und erstach ihn.

Kurz nach seiner Verhaftung erhielt Bateson im Gefängnis Besuch von William Friedkin, dem Regisseur von *Der Exorzist*.

Dabei gestand Bateson, noch weitere Morde begangen zu haben. Und tatsächlich galt er in einer Mordserie als Verdächtiger, bei der mehrere homosexuelle Männer zerstückelt und entlang des Hudson Rivers in Plastiktüten entsorgt worden waren. Man konnte ihn allerdings nie offiziell mit den Morden in Verbindung bringen.

Bateson wurde 2003 aus dem Gefängnis entlassen, seither wurde er nie wieder gehört oder gesehen. Wo er sich aufhält und ob er noch am Leben ist, ist nicht bekannt.

SCHON GEWUSST?

- Schauspieler Jack MacGowran, der im Film den Regisseur Burke Dennings spielte, starb noch vor der Veröffentlichung des Films an einer Grippe.
- Vasiliki Maliaros, die Pater Damien Karras' Mutter spielte, starb ebenfalls im selben Jahr, noch bevor *Der Exorzist* in die Kinos kam.
- Während den Dreharbeiten verstarben Familienangehörige vieler Schauspieler und Crew-Mitglieder, unter anderem von Linda Blair, die Regan Teresa MacNeil spielte, und Max von Sydow, der Pater Merrin verkörperte.
- Zudem brannte das Set mit dem Haus der Hauptdarstellerin ab. Vom Feuer verschont blieb schaurigerweise nur das Schlafzimmer, in dem die Exorzismus-Szenen gedreht wurden.
- Insgesamt starben während der neunmonatigen Dreharbeiten neun Menschen, die direkt oder indirekt mit dem Film im Zusammenhang standen.
- Im Soundtrack des Films wurde eine Audioaufnahme verwendet, die vom realen Exorzismus eines 14-jährigen Jungen stammte.

WELCHE TV-SERIE DREHT SICH UM DAS LEBEN DES BERÜHMTEN FBI-PROFILERS JOHN DOUGLAS?

Mindhunter ist eine Thriller-Drama-Serie aus dem Jahr 2017, in der die beeindruckende Karriere von FBI-Agent John Douglas verarbeitet wird. Douglas war maßgeblich an der Etablierung der verhaltensbasierten Täterprofilerstellung beteiligt, einer wissenschaftlichen Methode zur Charakterisierung von Verbrechern anhand psychologischer Merkmale, die heute von Strafverfolgungsbehörden überall auf der Welt genutzt wird.

Die Serie beleuchtet die frühen Jahre der Kriminalpsychologie und wie Douglas eine darauf basierende Idee zu einem weithin anerkannten und bedeutenden Teil der FBI-Ermittlungsarbeit entwickelt hat.

Holden Ford, die Serienfigur, die auf Douglas basiert, analysiert und befragt in den einzelnen Folgen eine Vielzahl berüchtigter Serienmörder, darunter Charles Manson, Edmund Kemper, Jeremy Brudos, Wayne Williams, David Berkowitz, Elmer Wayne Henley, Richard Speck, Tex Watson und der im letzten Abschnitt erwähnte Paul Bateson. Auch wenn die beiden FBI-Agenten der Serie andere Namen tragen, sind sie äußerst eng an Douglas und seinen Partner Robert Ressler angelehnt.

SCHON GEWUSST?

- Die Befragungsszenen in *Mindhunter* basieren auf Audioaufnahmen und Transkripten aus Douglas' Ermittlungsarbeit und geben diese teils wortgetreu wieder.
- In einer der bekanntesten Szenen der Serie ist der von Jonathan Groff gespielte Holden Ford mit einem rasenden Edmund Kemper in einem Verhörraum eingesperrt. Sie basiert auf einer wahren Begebenheit.
- Douglas selbst war als Berater für die Serie tätig und sorgte dafür, dass die fiktionale Handlung so nah wie möglich an den wahren Begebenheiten blieb, auf denen sie basierte.
- Kemper, einer der wenigen Serienmörder aus *Mindhunter*, der zum Zeitpunkt der Erstausstrahlung noch am Leben war, schaute sich die Serie im Gefängnis an und bezeichnete die Darstellung seiner Person als exzellent.
- Viele Szenen der Serie wurden in den Gefängnissen gedreht, in denen die echten Mörder einst inhaftiert waren.

WELCHE BÜCHER VON STEPHEN KING WURDEN VON ECHTEN SERIENMÖRDERN INSPIRIERT?

Kultautor Stephen King findet Inspiration in allem, was böse und verdorben ist. Es liegt also nahe, dass er in seinen Büchern auch den ein oder anderen berühmten Serienmörder fiktionalisiert. Dreimal war das in seinem umfangreichen Werk der Fall.

Das erste Mal im Roman *Sie* von 1987. Darin geht es um eine wahnsinnige Krankenpflegerin, die ihren Lieblingsautor gefangen nimmt und so lange foltert, bis er endlich wieder einen Roman schreibt, der sie – anders als seine letzten Arbeiten – zufriedenstellt. Die irre Protagonistin war an die reale Kinderkrankenschwester Genene Jones angelehnt, die in Todesengel-Manier bis zu 60 Patienten getötet hat.

Das zweite Mal, dass sich King von einem echten Serienmörder inspirieren ließ, war 2009 in der Kurzgeschichte *Eine gute Ehe*. Die Handlung dreht sich um einen typischen Vorstadtehemann, der ein Doppelleben führt. Nachts wird er zum sexuell getriebenen Serienmörder, der Frauen aus dem Ort umbringt und ihren Schmuck als Trophäe behält. Als Inspiration für den Protagonisten diente Dennis Rader, der »BTK-Killer«. Nach eigenen Worten hat Rader das Buch während seiner Haft selbst gelesen.

Ein weiterer Charakter aus einem King-Buch, der auf einem realen Serienmörder basiert, ist James Rennie Junior aus *Die Arena*. Der paranoide und psychotische Junior wird vollkommen wahnsinnig, nachdem seine Heimatstadt unter einer ominösen Glaskuppel gefangen ist, und entwickelt sich daraufhin zum nekrophilen Serienmörder. Die Figur basiert auf Ted Bundy. Außerdem heißt es, John Wayne Gacy habe King zu Killer-Clown Pennywise im Buch *Es* inspiriert – bestätigt ist dies allerdings nicht.

Umgekehrt gab es auch einen echten Serienkiller, der zwischen 2010 und 2017 eine Reihe von Morden begangen hat, die auf furchtbare Weise der Handlung einer Stephen-King-Geschichte ähnelten. Im Buch *Der Rasenmähermann* aus dem Jahr 1975 tötet ein mörderischer Gärtner seinen Auftraggeber. Auch der damals 66-jährige Bruce McArthur aus Toronto war Landschaftsgärtner, tötete mindestens acht Menschen in einer Serie brutaler Übergriffe und verteilte die sterblichen Überreste seiner Opfer in Blumentöpfen in deren eigenen Gärten.

WELCHER FILM BASIERT AUF DEM LEBEN DES SERIENMÖRDERS HENRY LEE LUCAS?

Henry: Portrait of a Serial Killer ist einer der einzigartigsten Serienkiller-Filme, die je gedreht wurden. Er erzählt die Lebensgeschichte von Henry Lee Lucas, einem Landstreicher und Mörder, der durch die USA zog und wahllos Menschen umbrachte. Lucas begann eine Liebesbeziehung mit Ottis Toole, ebenfalls ein Landstreicher. Fortan reisten beide mordend durchs Land.

Der Film verzichtet auf typische Klischees, die Handlung ist zudem überschaubar und konzentriert sich auf Lucas' chaotischen und desorganisierten Modus Operandi, wenn er – wie im echten Leben – immer wieder willkürliche Akte der Gewalt verübt. Der Ausgang der Geschichte bleibt offen, der Film endet noch vor Lucas' Verhaftung, nach der er in der realen Welt über

100 Morde gestand. (Siehe dazu auch den Abschnitt im Kapitel *Bon Appetit: Serienmörder und Kannibalismus.*)

INWIEFERN UNTERSCHEIDET SICH DER FILM *ZODIAC* VON DEN WAHREN BEGEBENHEITEN, AUF DENEN ER BASIERT?

Der Film *Zodiac* aus dem Jahr 2007 wurde von Kritikern hochgelobt. Die komplexe Handlung erstreckt sich über eine Dekade und schildert die Jagd auf den berüchtigten »Zodiac Killer« in den 1960er-Jahren.

Alle wichtigen Eckpunkte des Falls kommen im Film vor, darunter die Morde des Zodiacs, der schaurige Anruf in einer TV-Sendung, seine kryptischen Chiffren und der Karikaturist Robert Graysmith, der geradezu besessen davon war, den Zodiac-Fall zu lösen. Wie einst in der echten Ermittlung gibt es auch im Film eine Reihe von Verdächtigen, doch die wahre Identität des Zodiac Killers bleibt bis heute ein Rätsel.

Einer der Hauptverdächtigen war ein Mann namens Arthur Leigh Allen, ein ehemaliger High-School-Lehrer, der in Ungnade gefallen war, weil er Kinder sexuell belästigt hatte. Viele Indizien sprachen für ihn als Täter, durch ein Schriftgutachten der Zodiac-Briefe konnte er allerdings ausgeschlossen werden.

Im Film ist das anders. Dort wird Allen klar als der Schuldige an den Zodiac-Morden dargestellt. Der echte Arthur Leigh Allen verstarb 1992 und nahm alle Schuld, die er vielleicht auf sich geladen hatte, mit ins Grab.

WELCHES UNERKLÄRLICHE PHÄNOMEN INSPIRIERTE DEN FILM *NIGHTMARE – MÖRDERISCHE TRÄUME*?

Im Film *Nightmare – Mörderische Träume* (Originaltitel: *A Nightmare on Elm Street*) von 1984 war Kultbösewicht Freddy Krueger erstmals auf der Leinwand zu sehen – ein übernatürlicher, monströser Serienmörder, der Menschen in ihren Träumen umbringt. Die Idee zur Handlung, die zunächst völlig frei erfunden klingt, entnahm Regisseur Wes Craven tatsächlich einer realen Schlagzeile.

Craven hatte einen Zeitungsartikel über ein Kind gelesen, das während des Genozids in Kambodscha aufgewachsen war und tagelang wach blieb, aus Angst, in seinen Träumen umgebracht zu werden und nie wieder aufzuwachen. Als der Junge irgendwann doch völlig erschöpft eingeschlafen ist, konnten seine Eltern erleichtert aufatmen. Doch plötzlich hörten sie ihren Sohn mitten in der Nacht laut schreien. Als sie zu ihm kamen, war er bereits tot.

Unfassbar: Der unerklärliche Tod des Jungen war offenbar kein Zufall. In jener Zeit starben in Südostasien etwa 20 Menschen auf mysteriöse Weise im Schlaf. Bei den anschließenden Obduktionen konnte bei keinem der Opfer irgendeine Ursache für die plötzlichen Tode festgestellt werden. Betroffen waren überwiegend junge Männer bis zum Alter von 30 Jahren, die – noch seltsamer – alle als Flüchtlinge in Laos lebten.

Bis heute ist weder bekannt, was die seltsamen Tode ausgelöst hat, noch woher das erste Opfer – der Junge – wusste, dass er sterben würde, sobald er einschläft.

WER TÖTETE, INSPIRIERT DURCH EIN VIDEOSPIEL, VATER UND BRUDER?

2016 brachte der 16-jährige Eldon Samuel erst seinen Bruder und dann seinen Vater um, nachdem er dazu von einem Charakter aus dem Videospiel *Grand Theft Auto 5* inspiriert wurde. Samuel erstach zunächst den Bruder mit einer Machete. Dann schnappte er sich zwei Waffen seines Vaters – eine Pistole und eine Schrotflinte – und erschoss auch diesen.

Tragischerweise war es Samuels Vater selbst, der ihm den Umgang mit Waffen beigebracht hatte. Die Familie gehörte der Szene der »Doomsday Prepper« an, die sich durch das Horten von Lebensmitteln und Waffen auf den Tag des Jüngsten Gerichts (oder andere Katastrophen) vorbereiten wollen.

Die Mutter des Jungen, Tina Samuel, erklärte später, dass ihre Familie geübt habe, »Zombies zu töten«. Samuel schwänzte regelmäßig die Schule und verbrachte die Zeit daheim, wo er sich Horrorfilme ansah oder gemeinsam mit seinem Vater, den er später umbrachte, Videospiele spielte.

Eldons Hauptinspirationsquelle sei aber das Videospiel *Grand Theft Auto 5* gewesen, insbesondere die Figur Trevor Phillips, ein mit Waffen geübter, gewalttätiger Säufer. Samuel sagte später aus, er wollte »nur so sein wie Trevor«. Angeblich hatte seine Familie vorgehabt, ihre Sachen zu packen und in die Berge zu ziehen, um »den Zombies zu entkommen«. Der Junge wurde zu lebenslanger Haft verurteilt, obwohl er zum Tatzeitpunkt erst 16 Jahre alt war.

SCHLUSSWORT

Wie Sie in diesem Buch erfahren haben, sind Serienmörder komplexe Wesen mit den unterschiedlichsten Persönlichkeiten, Charakteristiken, Ethnien, Geschlechtern und sexuellen Orientierungen. Es gibt sexhungrige Perverse, hasserfüllte Soziopathen und wahnsinnige Psychotiker, die in ihrer eigenen Horrorwelt leben. Serienmörder existieren in der gesamten Breite des menschlichen Spektrums.

Darüber hinaus haben Sie auch Folgendes gelernt: Nicht alle Psychopathen sind blutrünstige Mörder. Einige Serienmörder töten aus unfassbar banalen Gründen. Kannibalen verspeisen Menschenfleisch oft nur, weil sie einsam sind. Es gibt mehr ungelöste Mordfälle als gelöste. Auch in diesem Moment laufen Serienmörder frei herum. Und Sie sind ab sofort mit Sicherheit besonders vorsichtig, falls Sie es mit einem Fernfahrer zu tun haben.

Einige dieser Informationen mögen für echte True-Crime-Fans vielleicht kalter Kaffee sein. Wir haben bei unseren Recherchen allerdings derart viel Material gesichtet und dabei so obskure Fakten zusammengetragen, dass selbst der eingefleischteste Experte auf den vorangegangenen Seiten noch etwas Neues erfahren haben dürfte. Tatsächlich wurden manche Informationen in diesem Buch erstmals seit Jahrzehnten wieder gedruckt und fanden sich nur noch in längst vergessenen Zeitungsartikeln und Ausschnitten anderer Medien. Wir ermutigen Sie daher ausdrücklich, sich weiter in die Themen zu vertiefen, die Sie besonders interessieren. Denn es gibt noch sehr viel mehr »unnützes Wissen« über Serienmörder zu entdecken.

Ziel dieses Buchs ist es nicht, Serienmörder zu glorifizieren oder ihre Taten und die tragischen Schicksale ihrer Opfer auszuschlachten. Serienmörder faszinieren uns Menschen aus einer Vielzahl von Gründen, teils ganz individueller Natur. Die Handlungen psychisch gestörter Mörder sind für rational denkende Menschen kaum zu begreifen, und gerade deshalb reizt es uns so sehr, uns mit diesen menschlichen Monstern zu beschäftigen. Serienmorde sind eine der extremsten menschlichen Erfahrungen; das erregt natürlicherweise die Neugier.

Allerdings dürfen Sie dabei eines nie vergessen: All das »unnütze Wissen« in diesem Buch ist stets auch mit dem Leid der Opfer verknüpft. Wir sollten daher nicht in Sensationslust verfallen, sondern ihre Schicksale mit dem nötigen Respekt behandeln, indem wir uns mit ihnen beschäftigen, um daraus zu lernen. Ohne diese unschuldigen Opfer gäbe es ein solches Buch nicht, also sollten wir einen Moment innehalten und ihr Andenken ehren.

Wir hoffen, dass Sie in diesem Buch etwas Interessantes entdeckt haben, sei es über die Funktionsweise eines psychopathischen Geistes, über mordende Kinder, Hintergründe zum Kannibalismus, welche Filme zur Inspiration für Mörder wurden oder eines der vielen anderen behandelten Themen. Unsere Gedanken sind bei den Opfern und ihren Angehörigen, denen die Monster in diesem Buch unvorstellbares Leid zugefügt haben. Vielleicht haben Sie als Leser das ein oder andere Wissenswerte aus diesem Buch mitgenommen, das Ihnen hilft, nicht eines Tages dasselbe Schicksal zu erleiden.

ÜBER DEN AUTOR

Jack Rosewood ist seit 15 Jahren als freischaffender Autor tätig. Der Sohn eines Kriminaljournalisten entwickelte schon früh eine Faszination für die Geschichten von Verbrechern und Serienmördern. Er lebt mit seiner Frau und einem Golden Retriever in Florida.